方法集——挑战哲学史与重开传统 卷二

与康德批判哲学的非对称对话录

——演示一种亲近原创的哲学史研究范式

崔平 著

中国社会科学出版社

方法集
——挑战哲学史与重开传统

方法集序言

卷一
作为研究哲学和哲学研究普遍立法的哲学导论

卷二
与康德批判哲学的非对称对话录
——演示一种亲近原创的哲学史研究范式

卷三
方法与可能性：绝对定义那些"不可定义"的概念

卷四
文化竞争力批判
——实践一种捕捉哲学真理的精准操作方法

方法集后记

目 录

前　言 …………………………………………………………（1）

先验演绎的正确格式与康德的自然偏离 ………………………（1）
对康德"概念分析论"叙事结构的逻辑校正 …………………（20）
康德理性批判的模糊方法论意识及其逻辑澄清 ………………（40）
康德"想象力"概念的思想根源批判 …………………………（65）
康德为科学形而上学奠基的卑微效用 …………………………（83）
重构先验批判：对反击后现代主义哲学的一种
　　元哲学筹划 …………………………………………………（100）
使哲学赢得知识尊严的普遍方法
　　——兼评康德改造形而上学的失败教训 …………………（123）
康德伦理学的方法论缺陷 ………………………………………（144）
重构实践理性批判
　　——筹划超越道德判断原则冲突的新伦理学 ……………（159）
康德批判哲学的前提独断及其再批判方法
　　——敞开《有限意识批判》的哲学身份 …………………（178）

编后絮语 …………………………………………………………（199）

前　言

康德批判哲学以其典雅、深沉、伟岸博得"不可超越"桂冠，而我把这个神话仅仅看作人们向它致敬的一种赞誉文学。

评价学术成果有两个展开维度：构造形式和论断内容。认识方法的精美绝伦或者理论描述给人留下的真理终极性感觉，都可以令人叹服而诱导不可超越想象。因此，要超越一个"不可超越"的理论，就必须经历有效的批判与建构。批判向人们宣示这个理论内在某种方法或论断上的缺陷，建构向人们证明在这个理论之外确实存在更好的思想家园。

针对一个理论做出具有相对创新面貌的理论判断，就是思想世界发生的超越事件。在逻辑可能性上，有两种超越即解释性超越和革命性超越。所谓解释性超越，就是在原有理论框架基础上作出更细致的思想发挥，修正或延长原有知识链条。而所谓革命性超越，就是彻底否定原有理论框架，发现新的理论基础和思想道路，最终作出完全独立于原有理论思想的关于特定存在的另类理论刻画。超越方式不可以任意选择，其命运密码蕴含在批判成果的特定形态中。

批判有两种：独断的立场批判和理性的逻辑批判。前者是那种简单地站在原有的某种对立理论立场上去反对一个理论，并不认真进入被批判理论思想的内部，甚至可以对被批判理论的论证缺乏基本了解，诸多非学术动机支配这种批判的发生和表现色彩。由于思想史中沉淀下来的对立立场一般具有逻辑同位性，同时也由于通过批判没有树立起真正的认识目标，所以这种批判不可能推动产生与被批判理论具有真正联系的超越性问题和合理的超越筹划，从而不能造成超越。相反，理性的逻辑批判从尊重被批判理论的态度出发，无预设立场地聆听文本诉说，感受它的内在逻辑，严肃地用逻辑工具检讨它的合理性，发现理论中方法和论证的缺陷，并诊断被批判理论的整体问题的根源。这种批判有两种可能结果，即在接受其基本概念和原理以及部分主体框架前提下的部分否定，以及彻底否定其最高概念和原理及其贯彻方法的全盘否定。显然，理性的逻辑批判能够催生超越，其中部分否定只能造成解释性超越，而全盘否定必然酝酿革命性超越。

建构并不是批判的必然结果，而是有其独立的思想命运。但是，批判结果所达到的水平逻辑上决定建构意识。部分否定所能唤醒的是理论修补冲动即修补性建构，而全盘否定必然要求进行理论重构即重构性建构。修补性建构完成解释性超越，重构性建构最终塑造革命性超越。

听从真实思想处境的逻辑命令而进行相应的超越努力，是学术研究应有的理性选择，也是一个诚实学者所当表现出的可贵意志。

仰慕康德、进入康德、走出康德，是我的思想旅程。在对康德批判哲学的逻辑审核中，洞悉到它的方法论缺陷和理论出发点相对其问题的逻辑软弱性。目前所形成的批判文论造成对康德批判哲学的颠覆性解构，它敞开了超越康德批判哲学的可能性，呼唤一场革命性超越。

对康德的批判所获得的特殊思想收益，触发了关于哲学史认识功能的一个崭新体验，即对于纯粹创造性认识而言，哲学史在逻辑上是无用的死知识，它只有在经受拷问式批判时，才通过供认一种哲学道路的错误而仅仅在启迪新哲学筹划的元哲学意义上，获得活知识身份，推动学术创新。即令如此，在其中，它也只不过是卑微地警示思想禁区却无法包揽何去何从，哲学创造所做的一切思想决断都只能仰赖身处开放语境中的探索智慧。因此，虽然熟读哲学史却没有批判和智慧，也必然不能做哲学。相反，在逻辑上，缺乏哲学史修养但具有超凡智慧，却可能偶然地做出伟大的哲学。

本来，这种批判性对话是被康德批判哲学的内在面貌所决定必然要发生的哲学史事件，但历史发展要素的生成和汇聚的偶然性，最终让它以迟到的形式现身并给人们一个观察历史发展戏剧性的机会。这不是一种经典对话，而是一场非对称性对话：对话主体结构不对称、对话者身份不对称、对话逻辑层次不对称。第一，任何一个哲学家面对根本性的否定批判都不可能袖手旁观，必然要迎接挑战而走进对话。但是，康德斯人已逝，他只能缺席对话而让自己作为历史的著作孤独应对，重申是他的唯一选择。对话的太过迟到不公平地剥夺了康德表现自己剩余哲学智慧的机会。不过，第二，康德在对话场域中也占据极大的有利地位，历史已经赋予他伟大哲学家地位，使"康德"成为哲学权威的符号，拥有超常的话语权，而对话者还需要借助斗转星移，才可能让斜阳把自己的身影投射到人们的哲学视野中。但是，第三，虽然康德在历史的磨砺中所获得的世俗光环让他可以俯视所有对话者，但同是这个历史却可能让康德在思想上产生与对话者的逻辑距离。尽管思想史不一定能现实地转换成每一个人的高级思维层次，但是它却留给敏锐智慧以洞察更高思想道路的机会，导致话语形态的逻辑提升。

康德是哲学史上构筑巅峰的最伟大天才。只有超越康德，哲学才能再次获得俯瞰大地的真正新视野。

只有不在理论体系之外预先采取特定对立观点，而是素身潜入有待审视的理论进行内在逻辑分析和解构，才能赋予批判以普遍理性形象，用无可置辩的论证力量压缩蔑视批判权威的空间，并定格批判而杜绝历史翻案。

大厦一旦坍塌，废墟便可平步！

先验演绎的正确格式与康德的自然偏离*

对于范畴的先验演绎，康德费尽心机，先后选用了两种不同的论证方案，然而最终却既没有使自己感到完全确实和满意，也没有根本平息他人的有力质疑，因而强烈地显示出问题本身的挑战性并激起长久不息的历史反响。在理解和评价康德所作的先验演绎时，人们一般都把批评的矛头指向演绎内部某些构成内容的逻辑不纯粹性即经验心理学杂质，而没有更彻底地反思康德先验演绎的整体框架的合理性。申言之，对康德先验演绎的分析总是局限在"是怎样构造的"这种描述性层次上，而没有从问题本身出发，超越康德去自由追问"应当怎样构造"。在缺乏解决问题的逻辑标准条件下，自然难以比康德本人更好地理解范畴的先验演绎问题。而康德对同一问题给出两种解答并仍旧表现出某种摇摆这一事实本身，无疑正在鼓励哲学理性勇敢地怀疑和审查康德的论证标准意识的清晰度。

一 书写先验演绎的正确格式

在对先验知性范畴的存在及其内容作出形而上学证明之后，被范畴与其作用对象即感性表象材料的存在分离关系所推动，康德立即提出了范畴的经验建构效力的问题，即证明不来源于杂多经验内容而直接先天

---

* 该文发表于《西南大学学报》（哲学社会科学版）2013年第3期。

存在于认知主体的知性之中的先验知性范畴,却具有必然切中对象或者说组建对象经验的能力。鉴于这一问题与法律诉讼中对诉讼主体的诉讼权利的证明的同构性,康德把关于诉讼权利的证明的"演绎"名称移植到哲学中来,将针对先验范畴的这种阐明工作称为演绎。面对范畴演绎任务,首先必须筹划和确定它的实现方法,即怎样显现或者说生成范畴联结杂多经验材料的当然权利地位,以便在不同的证明方法中选择适合问题本身的认识要求的证明方法。按照决定证明品质和能力的构成要素即内容和形式,应该分两个步骤来解决这一问题。

关于范畴演绎所当采用的内容问题,康德依据范畴的先验意义作出了鲜明的逻辑判断。范畴具有先验性,是一切知识(经验)形成的可能条件,因而在逻辑上它对杂多经验材料的综合作用显现出必然性和普遍性。此即康德所谓"盖此类概念之特点,即在其与对象相关,无须自经验中假借'任何能用以表现此等对象之事物'"①。所以,一切不能提供这种特性的证明都是不合格的范畴演绎。而范畴的演绎仅就其所处理的范畴与杂多材料之间的存在关联关系问题涉及二者之间的作用及其具体结果而言,似乎存在两种解决方式,即从现实经验开始的推求和从纯粹先验领域而不借用经验内容地推论二者之间的作用关系。但是,前者被康德称为"经验的演绎",并以下述理由加以排除,即它仅为"展示'由经验及经验上之反省以取得概念之方法',故与概念之合法性无关,而仅与概念事实上之发生形相相关"②。这一来是因为经验事实相对于范畴演绎来说不合法地越过占据优先地位的权利问题而在先接受了二者之间的作用,二来也是因为经验事实具有存在偶然性,不能完备揭示二者之间作用的必然性和普遍性,即根据一果多因原理,仅凭事实的造就在逻辑上不能排除其他致成原因存在的可能性。康德所接受的是先验演绎,

---

① [德]康德:《纯粹理性批判》,蓝公武译,商务印书馆1993年版,第93页。
② [德]康德:《纯粹理性批判》,蓝公武译,商务印书馆1993年版,第93页。

即"说明'概念所由以能先天的与对象相关之方法'"①，这种方法切合范畴的特点，"即在其与对象相关，无须自经验中假借'任何能用以表现此等对象之事物'"②。由此可以断言，先验演绎必须完全采用理性的先验构成内容来进行，其任务正在于"出示其与自经验来者完全不同之出生证"③，而绝不相同于洛克的认知之"生理学的由来论"。先验演绎是对先验范畴的经验有效性的先验性证明。先验演绎与经验演绎的区别在于方法上的不同和与此相联系的证明效力的不同，而非证明目标的不同。联系康德批判哲学的立场即仅关心知识学问题而不问心理学原因，这种先验演绎的材料范围就可进一步确定为知识的构成内容而非这些内容的结合过程。而在逻辑上，先验可论及的也只有内容的构成形式，因为先验就其脱离具体经验内容而言，已经无法展开对必然要涉及现实内容的认知心理过程的考察。

可以说，康德准确地界定了范畴演绎的论域，而相继的问题是，先验演绎应该采取怎样的形式或展开结构以便在其中使范畴对表象材料的连接权利显示出来。对此，康德在"转移至'范畴之先验的演绎'之途程"一节中仅仅借助"哥白尼革命"而抽象地指示，要把范畴理解为使经验对象成为可能的条件，并未进一步规定在什么形式下完成对它的证成。

先验演绎的目标是要证明范畴对具体经验杂多内容的某种作用权利，在康德的理性批判语境中，这是一个关于经验构成的存在论问题。但是，这种决定与被决定的存在关系反映在认识关系上，就是普遍原理与特殊个例的绝对逻辑规定关系。在此，回顾和扩展性地挖掘康德从法律诉讼中所引用的"演绎"这一概念的逻辑意义具有重要的启示价值。受罗马法深刻影响的德国法律，在处理康德所援用的所谓权利的证明问题时，

---

① ［德］康德：《纯粹理性批判》，蓝公武译，商务印书馆1993年版，第93页。
② ［德］康德：《纯粹理性批判》，蓝公武译，商务印书馆1993年版，第93页。
③ ［德］康德：《纯粹理性批判》，蓝公武译，商务印书馆1993年版，第94页。

采取的是一般三段论式的演绎方法，其一般格式为：法官将诉讼中所提出的事实主张与法律所规定的被主张的法律的效果的发生所依赖的条件相比较，并确认二者是否以及在多大程度上相吻合，只有在就吻合性作出肯定判断的情况下，才能支持当事人的权利请求。要言之，这就是一个以法律的普遍规定为大前提，事实主张为小前提，而以事实性条件为中项的三段论推理。诉讼人的权利就成立于这种普遍对特殊的逻辑管辖关系之中。显然，法学家把对权利的证明称为演绎是基于它的逻辑推理形式，而康德也并非任意地搬用一个哲学之外的概念，而是范畴把自身向杂多经验材料使用的权利具有与诉讼权利的同构关系。既然如此，那么范畴的经验建构权利就必须生成于一种三段论式演绎推理中，其中，大前提是一个有范畴参加的关于经验存在构成结构的普遍判断，其中包含范畴对杂多内容的作用关系论断，而小前提是关于特殊经验材料的杂多内容属性的判定，结论是作用权利的成立。由此，范畴的先验演绎表现为范畴对感性杂多的作用权利的逻辑证明。而从理性批判的理论工作角度看，范畴演绎的直接任务是构造这种推理的大前提。

对范畴演绎的逻辑结构的这种阐明，进一步指引对范畴的先验演绎的方法和步骤的具体分析。

演绎推理结构具有分析性。因此，先验演绎所涉及的一切经验存在的构成元素都必须在大前提中出现，否则就不可能完备描述经验存在构成要素间的关系，进而不能具有切中经验对象的可能性，自然也就不能完成先验演绎。这些要素至少包括范畴概念、对象概念、杂多概念，因为先验演绎问题的提出本身就涉及这些概念。而根据先验演绎论域的先验性，这些概念都必须以先验身份出现，而不能随意从经验当中提取并加入先验演绎之中。这意味着必须以先验方法发现它们，亦即从先验存在中逻辑地推导出它们。就此而言，康德都没有给出这些合格的先验演绎素材，因为他对先验范畴的发现是从知识事实中分析推定的，带有经验性，而他的对象概念和杂多概念更是远离先验性而直接来自对自然经验的分析。不管亚里士多德所开创的形式逻辑体系像康德所说的那样，多么经久不衰，多么难以损益，但从形式逻辑的产生方式和说明方法看，它都是人们认识活动现象的总结，没有获得关于其根源的认识，因而仅仅具有事实地位，而不能被看成具有必然性和完备性保证的思维规律。

根据范畴演绎的三段论推理结构，它要求一个衍生逻辑相关关系的中项，而按照演绎的主题，这个中项就是"杂多"，它在大前提中必须以一般的"杂多"概念出现，而在小前提中作为具体杂多内容的谓词出现。在范畴演绎的大前提所应当包含的诸构成元素中，"杂多"是一个具有自己特殊逻辑要求的内容。演绎论域的先验性和作为所指物的经验对象，把演绎问题具体地限定为从先验主体出发刻画经验对象的先验构成结构。由此凸显出一个难题，即"先验构成结构"却必须包含"经验对象"中的某种经验性要素，以便保证与"经验对象"的相关性，但这种要素并不能取自经验，而必须保持其先验性。由于作为对范畴的先验演绎，必须既具有普遍性，又具有对特殊经验内容的自动适用性，所以这种先验构成结构刻画中的经验性要素必须是经验的一般逻辑特性即杂多（内容）。而且超越常识的是，这个一般的"杂多"概念必须在先验论域中确定，而不能从对经验的分析中加以确认。

先验演绎的逻辑品质向演绎中大前提的构造提出了严格的要求。由于先验演绎要揭示范畴对杂多经验内容行使综合作用的权利，而这种权利按其先验性质具有必然性和普遍性，所以在大前提中必须完成对范畴在经验的先验构造原理中的必要条件地位的阐明，并确定范畴与杂多之间的作用—被作用关系的根据。如果要满足这一要求，那么就必须在大前提中造就以"杂多"元素为一方，而以包括"范畴"在内的可能的诸多其他元素为另一方的作用与被作用关系，并使范畴具有相对"杂多"之综合的逻辑上的必要条件地位。这就意味着，在范畴的先验演绎中，必须使大前提具有完备揭示"杂多"之综合的条件及其相互关系的逻辑保证。而论断的完备性有其特定的方法论特征，此即综合方法。只有从一个被确认的具有最高根据地位的事物及其原理出发,系统分析和规定相对具体的概念和原理,才能满足认识的完备性要求,或者说给出认识完备性的逻辑保证和认识标志。因为,从认识的逻辑结构和秩序看,综合方法与分析方法具有完全不同的认识有效性。在综合方法中,可能的根据都在先展露,每一认识环节在逻辑上以完备的根据为推进条件,因而其结论是准确的和确定的。相反,如果采用分析方法即由特殊到普遍地认识给定对象的根据,则在逻辑上陷入片面性,因为可能的根据尚付阙如,每一认识环节都缺乏自己所当拥有的完备根据,即在根据不充分条件下进行断言,可能遗漏必须涉及的内容,无法保证揭示事物本然具有的全面联系。从思维水平上看,综合方法的逻辑要求超越了范畴演绎本身的三段论式演绎的逻辑严格性,因为一般所谓的演绎并不对大前提本身提出存在地位的最高性和起始性要求,而仅仅以演绎内部两个前提之间相对的普遍—特殊关系加以定义。可以说,综合方法必然具有演绎形式,但它是更系统化的演绎。只有范畴出现于内部构成结构包含充要条件逻辑关系的大前提中,才能保证范畴至少占有在对杂多的综合作用中的必要条件地位。如果表明执行综合"杂多"任务的只有范畴,那么范畴就进而加强为充要条件。

在确立了先验演绎中制作大前提的综合方法之后,随之提出对大前提中的构成元素的出现方式要求,即它们必须均在一种由最高先验存在出发的分析推理过程中加以设立,从而在获得"先验出生证"的同时,自然标明自己的具体先验地位。先验演绎的任务由此在形式上陡然艰巨化:认识既不能够再随意地拾取所需要的材料,也不再能够自由选择那些让人感到方便和亲切的认识方法,而是被迫彻底离开经验,走上具有重重限制条件的狭窄的反思道路。

二 对康德先验演绎有效性的逻辑判定

康德的传记作家、德国的奥特弗里德·赫费这样描述康德对范畴的先验演绎："先验演绎与形而上学演绎一样不是指形式逻辑的论证：从其他表述即前定理中派生表述即结论。先验演绎在不违反形式推理规则的情况下解释'概念能够先天地和对象发生关系的方式'。先验演绎通过把范畴归结（回溯性分析）到它们的起源证明没有范畴就不可能有对象，从而也不可能有经验，因此在经验中使用范畴是合法的。"① 这种概括基本符合康德的著作，具有史学描述的真实性，而且，其中也夹带着安然接受的肯定语调。但是，如果增加一点批判精神，那么这些陈述就转变为追究康德先验演绎缺点的重要线索。可以说，正是这段文字的关键词——"不是指形式逻辑的论证""不违反形式推理规则""回溯性分析"——显示出某种文本的和逻辑的可疑性，因此提供了对康德先验演绎的反思切入点。显然，在演绎形式上对形式逻辑论证格式的排除背离了前面所确定的先验演绎的正确格式，而更为要害的是，对演绎过程的实际效能的分析将表明，与"回溯性分析"方法的特定认知功能相联系，康德私底里根本没有满足"不违反形式推理规则"这一要求。

围绕康德的两版先验演绎，200多年来注释家们发生了激烈的争论，问题广泛涉及二者之间的关系、演绎的有效性、不同演绎的优劣等，有的推崇主观演绎，有的坚持肯定客观演绎。而根据康德本人的观点和取向，主观演绎并不实际构成对范畴的先验演绎，"乃追寻所得结果之原因，性质颇近似假设"②，而客观演绎才是演绎"目的的根本所在"③。不仅如此，在康德对范畴演绎工作的自我意识中，客观演绎采取"从上而下"的综合方法，比主观演绎更接近上面所确认的先验演绎的正确格式，因而相对本文具有更大的批评价值，即它是最少缺点的演绎版本，其中所存在的缺点应该就是康德先验演绎的最终缺点，

---

① ［德］奥特弗里德·赫费：《康德——生平、著作与影响》，郑伊倩译，人民出版社2007年版，第82页。
② ［德］康德：《纯粹理性批判》，蓝公武译，商务印书馆1993年版，序言第5页。
③ ［德］康德：《纯粹理性批判》，蓝公武译，商务印书馆1993年版，第5页。

不会造成不实的过度批评，从而避免陷入无谓的批评—反驳循环。

对范畴的客观演绎实际起自对"统觉之本源的综合统一"的论证。以意识的"我思"所属结构为切入点，康德把"我思"确立为表象存在的必要条件和最高条件，并根据"我"之意识的同一性建立起"我思"自身的先验的统觉功能和对于表象存在的综合的统一要求。这种综合统一的效果为造成杂多被联结在"对象之概念"之中的统一，从而产生客观性。尽管这个由"对象"引出的"客观性"的论证过程带有经验描述性，即"对象"概念没有"我思"或"统觉"之根据，属于经验性外在加入，但至此为止的推导还处于综合方法的范围内，因为对象还被独断为"统一"的产物。但是，当进而触及"统觉之客观的统一"的方式或表现形式问题时，就偏离了综合方法而陷入分析方法之中。康德没有从分析确定"统觉之客观的统一"的功能着手来推定判断之逻辑方式的谱系，而是从给定的判断形式出发，在"判断不过所授与知识由之到达'统觉之客观的统一'之方法"这种判断的客观化功能与"统觉之客观的统一"的客观功能之间的契合中，设立范畴对先验统觉的派生关系，其间的唯一联系中介是客观化功能。在此，范畴（判断形式）的引入同"对象"概念一样，在认识上是经验偶然的，所依据之方法是功能同一性比较和简单的存在关系独断。其推理程序为："统觉之客观的统一"必然有其实现形式，而判断形式具有客观化效能，所以判断是"统觉之客观的统一"的形式。在其中，"'统觉之客观的统一'必然有其实现形式"是从"统觉的客观统一"出发而为其抽象地寻找和设立实现条件的分析性即回溯性论断，续以具体内容（判断）之后整体构造出"统觉之客观的统一"的实现方式论断。从认识方法上看，这个推理在分析方法范围之内，而分析方法在逻辑上所确立的结论只具有充分条件地位，而绝无必要条件地位。因为被分析方法作为出发点的给定事物在认识上并不包含所求结论即实现条件，相反这种条件是按照给定事物的存在要求所自由设立的，在这种设立中只以它的实现为满足，而不可能判断是否有其他条件可以实现某种存在要求。也就是说，分析方法不能在逻辑上排除其他致成条件存在的可能性，而只能根据某种特殊的经验性存在的属性相似性确定致成条件。由此确定的条件被其经验事实出身所决定，只能赋予充分条件地位。同时，即便暂且不审查充分条件对先验演绎的适切与否，在这一推理过程中也包含逻辑错误。由形式逻辑事实所论断的判断形式的客观化功能可以表达为：如果采用判断形式，那么产生客观化效果；形式化之即为，如果 A，那么 B。而"统觉之客观的统一"可以表述为："统觉之客观的统一"的效果是表象的客观化（B）。因此，康德的推理形式可以演示为：如果 A，那么 B；B；所以 A。显然，这违背了从肯定后件不能肯定前件的逻辑规范。这个分析方法的过程的逻辑错误也可以用另一种形式予以揭示："统觉之客观的统一"的效果是表象的客观化，形式化之为"A 是 B"；判断的效果是表象的客观化，形式化之为"C 是 B"；所以"统觉之客观的统一"的效果就是判断的效果，亦即"统觉之客观的统一"是判断，形式化之为"A 是 C"。而根据形式逻辑的推理规则，从"A 是 B"与"C 是 B"，不能推出"A 是 C"，因为在其中，中项（客观化，B）是不周延的。可以断言，使用分析方法为"统觉之客观的统一"设定实现方式，只能抽象地实施，即一般地设定"必然有某种具有客观化效能的联结形式"，或者等效地设定一个仅仅以此为内涵的概念，而没有可能加以具体化。

即便抛开康德在联结"统觉之客观的统一"与范畴时所包含的逻辑错误，他所使用的分析方法所作论断在逻辑上的充分条件地位，也使其丧失范畴的先验演绎功能。先验演绎的任务是证明范畴具有对感性杂多的先天的综合或联结的权利，康德为此设计的实现方案是阐明范畴是一切经验意识的先天可能条件。这属于存在阐明。而"可能条件"在康德哲学范围内只有两种逻辑选择，或者是必要条件，或者是充要条件，两者都可以证明范畴在经验中不可或缺的参与者地位。但单纯的充分条件因其不能排除其他充分条件的存在可能性，进而在扩展地考虑诸多必要

与康德批判哲学的非对称对话录

条件合成充分条件的情况下，则这种其他充分条件所可能包含的诸多必要条件就不能排除。所以由分析方法所设定的"统觉之客观的统一"的实现方式并不具有必然性，逻辑上可以设想此外的其他实现方式。必须指出，范畴在此分析方法确认"统觉之客观的统一"的实现方式中的引入，仅仅是一种基于具有偶然性的事实的碰合，而所有以"舍此无他"为由所作的唯一性或必然普遍性辩护，都是混淆了想象的不可能与逻辑的不可能。想象的不可能并不具有终极有效性，它可能受理智认识的局限或缺陷的影响，而逻辑的不可能则是依据对事物关系的清晰完备的认识对某种情况的排除，具有绝对有效性。关于范畴作为"统觉之客观的统一"的唯一实现方式的判断，充其量是发生在康德心灵中的"想象的不可能"这种精神事件。

对纯粹悟性概念的"客观有效性"演绎"抽去经验的直观之杂多所由以授与之形相，而专注意于以范畴之名由悟性所加入直观中之统一"①。而在此之后所进行的范畴的"客观实在性"证明中，所应用之原理并无不同，只是增加了对客观有效性证明结论的逻辑运用而已：感性直观杂多必须符合"统觉之综合的统一"原则，而"统觉之综合的统一"的形式是范畴，所以感性直观杂多必须符合范畴。因此，客观实在性演绎并没有改善和提高先验演绎的逻辑品质。也许表面上看，"范畴除对经验对象以外，在知识中别无其他应用之途"一节对先验演绎的这种演绎有效性上的缺点具有补救作用，能够改造和增强范畴的逻辑效能形态，至少将其提升为必要条件（暂不追求充要条件地位）。但是，实则不然。用知识必须包含概念和对象材料，而后者只有直观才能提供，所以范畴作为概念必然作用于经验直观这种方法所构造的对上述观点的论证，具有相对范畴的外在规定性，所依据的是范畴作用的存在环境，而非范畴的某种内在规定性，因而并不能补救将范畴加入先验统觉的存在

---

① ［德］康德：《纯粹理性批判》，蓝公武译，商务印书馆1993年版，第107页。

规定之中时的逻辑缺陷，即由范畴作用对象（经验直观）的唯一性并不能反过来说明经验直观的唯一综合作用者是范畴，从而辅助说明或者说间接证明范畴对实现"统觉之客观的统一"的必然方式地位。它所说明的仅限于如果范畴在统觉实现中发挥作用，则不会偏离经验直观而切中其他类型内容，所以归根到底还是没有超越相对经验存在的充分条件地位。从根本上说，经验直观的经验化是以统觉之本源的统一为根据的，只有建立起范畴与统觉功能的必然普遍联系，范畴才能间接获得相对经验存在的必要条件地位。

　　康德所作先验演绎的目标是证明范畴是经验存在的可能条件，而且其方法被规定为经验的存在构成的逻辑分析而非心理过程描述。这样一个证明任务的完成必须依赖某种经验构成的普遍原理的形成，其最低形式为抽象地论断范畴相对直观杂多内容的经验化的必要条件地位，而最高形式为加以具体论断，即形成完备清晰的经验存在的普遍构成原理，不仅仅关注范畴在其中的地位，也同时考虑一切可能的先验构成要素的作用。显然，康德的先验演绎处于前者的水平上。尽管如此，从上述批判结论看，康德也没有取得成功。康德是在努力构造一个关于范畴在经验形成中的必要条件的普遍原理，但是除了犯有思维形式上的逻辑错误之外，在演绎展开的内容上也存在不当之处，那就是使用某些不合法概念。他没有坚持"哥白尼革命"的彻底性，从而在构造经验存在的先验普遍原理时，没有遵循正确先验演绎格式中的大前提所要求的纯粹先验性而独断引入了某些经验性概念。按照"哥白尼革命"的原则，在先验主体中所没有的东西，也绝不可能在经验中出现，也就是说，主体只能感知和处理已经在自身中具有其概念的东西。这一原则反映在康德的普遍原理构造工作中就是，必须用纯粹先验性概念作为合法构造材料。而在客观有效性证明中，"对象""杂多"却都是在经验中产生的概念。更为重要的是，这些经验概念的混入直接干扰了先验演绎的论证方式，使先验推理半途而废，仅仅漂浮在抽象的"统觉的统一"环节，无法构造

· 11 ·

与康德批判哲学的非对称对话录

合乎先验演绎正确格式所要求的大前提即经验存在的先验普遍原理。这逼使康德斜身倒落在经验界来维持先验演绎进程，直接返回到问题的起点水平追问关于直观杂多的经验的可能条件，即让直观杂多服从统觉的统一条件。在缺乏对经验的先验构成规则阐述的情况下，去从直观杂多与其经验化结果的归属关系出发推设其经验的可能条件，在认识上必然付出简单化和空洞化的代价。其认识代价不仅仅是埋葬了揭示统觉、杂多等的具体存在联系的机会，而且也扭曲和输掉了整个先验演绎，因为由此直接接触了经验内容，从而使演绎证明非先验化，继而产生不可回避的综合机制或者说综合过程这样的心理学式问题。由于在范畴的客观有效性证明中没有出现先验杂多概念，所以没有一般地搭建起先验范畴与先验的直观杂多的存在规定关系，从而不能在逻辑上完成二者之间的过渡，也就不能进一步建立起一般杂多概念与具体杂多之间的逻辑适用关系的可能性，不能把演绎的既定的逻辑化路线贯彻到底。先验演绎的宗旨由此被偷换，从一个知识论范畴内的经验构成的逻辑批判问题变异为认识的心理样式问题，从而偏离了康德本人为自己所设定的批判哲学的中心目标。它在先验演绎的论证逻辑上的后果为，使范畴对现实的直观杂多的作用权利的证明方式由先验演绎正确格式中的普遍规定特殊这种逻辑关系模式，蜕变为实际的直接作用过程的构造，闯入难以展开赋有必然性和准确性的认识的认知心理学领域，亦即非哲学领域。在先验演绎的正确格式中，范畴对直观杂多的作用权利问题被分解为两个层次，即权利生成原理和权利向具体直观杂多的使用。前者是经验的先验构成形式问题，属于存在论范畴，后者是普遍原理向特殊事实的具体适用问题，属于逻辑范畴。但是，由于康德直接从具体直观杂多出发考虑经验的可能条件，所以就取消先验演绎中的逻辑问题而将其当成一个存在论问题加以处理，从而陡然增加了存在论问题的复杂性和理性负担，甚至可以说，使问题的最终总体解决陷入不可能状态，因为一个问题只有按照其从属的问题域所内在要求的求解逻辑才能得到答案，问题在问题域间的混淆和错位必然使问题本身失去认识方向定位和明晰的可解性。实际上,先验演绎的心理学化的结果是没有必要地扩大了对范畴的权利证明预定要求,在知识的构成证明维度之外,又添加了知识的构成过程证明维度,因此使同一问题的证明重叠化,既增加了证明任务的负荷,又没有增加证明的逻辑力量。相反,想象力这样的心理学概念只是推迟了感性和知性的对立问题,因为它本身也是范畴作用于直观的结果,仍然包含作用机制问题。

布伯纳(Rudiger Bubner)觉察到了康德先验演绎的经验自相关的结构,认为其中采用的是"别无选择性"论述方式,并在区别证明(Demonstration)与论证(Argumentation)的基础上把它称为先验论证而非先验证明。在此,所谓证明就是用演绎性推理方法对事物作出论断,其间遵守严格的逻辑关联关系,保证结论具有普遍性、必然性和有效性。而所谓论证就是采取论辩的态度,以说明和使人无以反驳为标准,满足于穷尽想象思维的空间,塞人口而不能保证服人心,缺乏普遍的逻辑有效性。证明是要正面地对事物作出分析描述和论断,从而以对本质的揭示达到确实、清晰、可靠的认识。而论证则满足于消极地将人的理智置于无法用其他替代性判断来反驳在先提出的主张这种处境,以此强迫人们接受一个"较好"的答案。布伯纳的这种区分能够澄清康德本人的思想实质,具有某种积极意义。但是,他没有深入分析先验演绎的本然认识要求和康德先验论证的实际逻辑效力,因而忽视或取消了先验演绎的证明方式而采取了赞成和模仿先验论证的立场,[①] 遗憾地与揭露康德先验演绎的逻辑缺陷的机会擦肩而过。

三 逻辑起点的先天不足与先验演绎问题的无解命运

分析方法的介入掩盖或者挤占了先验演绎的正确方式即综合方法,

[①] 盛晓明:《康德的"先验演绎"与"自相关"问题——评布伯纳与罗蒂的争论》,《哲学研究》1998年第6期。

迫使康德偏离了正确的先验演绎格式,由此不但滋生难以确然论断的复杂问题或者说踏进非哲学领地,而且直接导致整个证明的逻辑无效。按照先验演绎正确格式及其内在实现方法的要求,康德应该在纯粹先验存在范围内沿着综合方向分别分析和设立起"先验对象"概念、"先验杂多"概念、"先验范畴"概念等经验的先验存在构成原理的先验相关项。但是,在范畴的客观有效性证明过程中所见到的却是这些概念的经验的和独断的引入。其后果为,未能正面阐明它们之间的先验联系。比如康德说,"'杂多(在直观中所授与者)之统觉'之一贯的同一,包含表象之综合,且此同一亦仅由此种综合之意识而可能者"①。这一论断就是仅仅根据一个简单的表象对"自我"的所属关系而作出,其中的"杂多"引自经验领域,同时也并未具体指出凭借何种存在作用使"杂多"得以"综合"。这种缺陷的认识表现就是"杂多"概念的过早出现,干扰并截断了揭示纯粹先验存在规律这一主题。再如对"统觉的综合统一"的效果即客观性的推出中也存在同样的问题。康德只是简单独断地使用一个出自经验的"对象"概念就把"客观性"归属给统觉的功能:"统觉之先验的统一,乃直观中所授与之一切杂多由之而联结在一'对象之概念'中之统一。故名之为客观的。"② 在此,何以如此即统觉之先验统一致使出现一个"对象之概念"完全不明。综观康德的先验演绎过程和所阐述的内容,从论证逻辑上说,应该先有杂多、范畴及范畴对杂多的作用,才能产生客观性,这种客观性衍生出与主观相区别的标志即对象概念。对于这种逻辑,康德朦胧地有其意识。在考虑"哥白尼革命"的应有效应时,康德说:"普泛所谓对象之概念,实存在一切经验的知识之根底中,而为其先天的条件。"③ 关于先验对象这一概念,康蒲·斯密在其《康德〈纯粹理性批判〉解义》中做了充分的挖掘和梳理,在他看来,

---

① [德] 康德:《纯粹理性批判》,蓝公武译,商务印书馆1993年版,第101页。
② [德] 康德:《纯粹理性批判》,蓝公武译,商务印书馆1993年版,第104页。
③ [德] 康德:《纯粹理性批判》,蓝公武译,商务印书馆1993年版,第97页。

"先验对象"这一概念有两个所指,即作为哥白尼革命语境条件的"物自体"和作为"统觉之综合的统一"之结果的"对象"概念,它就是具体对象的观念形成的条件。① 这一概括是正确的。但接续而来的评论却极端缺乏先验哲学眼光,因而泛起重重疑窦:"康德并不永久保持他关于经验的概念这一种见解,这是不足为奇的。这种见解的缺陷是显而易见的。关于一般概念的功用这样的一种见解,是使概念的初次形成不可理解的。因为概念是经验性的,它们的获得只能由于不包含它们的有意识的过程。那就是说,在有对象的意识之先必须有一种先行的意识,在它里面而且通过它,像物体这种概念才被发现而被形成的。然而,如上述论证的认为那样,一般概念是单一意识的不可少的条件。一般概念怎样通过还没有统一的意识而形成呢?怎样能把经验的概念看作直接为像纯粹统觉这样一般的东西所限定而直接地由于它而发生,这是难于理解的。"② 康德觉悟到"先验对象"概念的重要地位但并未坚持和发挥这是事实,但是这不是悲剧的结束而恰是悲剧的开始。很显然,康蒲·斯密远远没有达到康德对先验哲学的感悟水平。

康德要完成先验演绎就必须保持其批判哲学的纯粹知识论性质,全力关注现实经验的先验构成问题而停留在逻辑领域内,先验地推定一切描述经验构成所需要的相关要素并最终可靠地确定范畴在其中的必要条件或充要条件地位。但康德诚实地亲自戳破了这种理论建构的理想:"至吾人悟性所有此种特质,即惟由范畴始能产生统觉之先天的统一,且仅限于如此种类及数目之范畴,其不能更有所说明。"③ 实际上,这也就最终宣布了先验演绎问题在其正确的演绎格式中的无解命运。

那么,康德所创设和启动的先验演绎何以遭遇搁浅?这是被康德所

---

① [英]康蒲·斯密:《康德〈纯粹理性批判〉解义》,韦卓民译,华中师范大学出版社2000年版,第236—254页。

② [英]康蒲·斯密:《康德〈纯粹理性批判〉解义》,韦卓民译,华中师范大学出版社2000年版,第242—243页。

③ [德]康德:《纯粹理性批判》,蓝公武译,商务印书馆1993年版,第108页。

能拥有的思想资源的贫困状况决定的。按照先验演绎所内在要求的综合方法的展开结构的特性，其理论开发和建构能力直接蕴含在其起点之中。因此，应该首先审查作为先验演绎总体入手点的"我思"的理论承载能力和可拓展空间。康德依据意识是我的意识而判定一切意识必须服从自我意识的存在形式。而自我意识要求以同一性为条件，在哥白尼革命的语境下，这种同一性就是使一切意识可能的先验的同一不变之"我"，并且由之所产生的"我思"表象具有自发性和主动性，执行绝对的意识统一功能，包括对象意识和自我意识，康德名之为本源的统觉。① 正是这个本源的统觉构成康德先验演绎的总根据或者说逻辑起点，康德总是在经验对象对它的归属关系中推进先验演绎。但是，本源的统觉的属性与先验演绎任务在逻辑上并不匹配。统觉这一借自莱布尼兹的哲学观念本来具有十分强烈的感知行动色彩，是意识的前提，但在莱布尼茨那里已经显示出它对意识的经验内容的层次分别，颇类似于康德的先验自我意识，因此把康德的先验自我意识与统觉联系起来并没有多远的道路要走。关键是，统觉在这种联结中已经直接被确定为先验自我的一种统一功能，因而被彻底地去感官化而仅仅表示抽象的逻辑要求即统一。这种逻辑功能设立在先验自我意识的抽象同一性基础上，是对后者的一种满足方案的设想或假定，而不是从先验自我意识的同一性存在的具体揭示中所作出的论断，因此在逻辑上并不具有唯一确定性，在认识上也带有规定上的空洞性和抽象性，仅仅是同一性存在的功能而不知到底是怎样的存在为何产生这种功能。对统觉论断的这种认知缺陷使得统觉与先验演绎正确格式中的主题即经验的先验存在结构之间发生认识错位。一般地，在存在上结构和功能之间具有紧密的因果联系，结构决定功能。但是，结构和功能之间并不具有必然的唯一对应关系，即一定的功能可以由不同的结构来实现。因此，在认识上，结构与功能的关系就更加复杂，

---

① [德]康德：《纯粹理性批判》，蓝公武译，商务印书馆1993年版，第100—101页。

一来由于功能仅仅是特定结构的综合结果,并不包含存在结构信息,所以在认识上不能逆推结构,二来即便假设由特定功能可以寻找与之相对应的特定结构,这种认识被二者之间存在关系的非唯一对应性所干扰,也不能最终确定某种功能的具体实现结构。所以,从统觉出发,在逻辑上就不能发展出先验演绎所要求的对经验存在作出先验结构描述的那种命题。另外,由自我意识的同一性所设定的先验统觉过于抽象、空疏,仅仅"统一"这个单一的存在规定性在逻辑上就不具有发生不同条件交叠和互相规定而推动认识具体化的可能性,从而也就不可能进一步提供描述经验的先验存在结构的资源即要素和联系形式。而康德要完成先验演绎,就必须能够由统觉出发,先验地确定统觉的实现形式,包括"判断""杂多""先验对象""范畴"等。申言之,康德只有从直接揭示具有相对"统觉"功能更高级存在地位和认识地位的"自我"的先验存在结构,才有希望遵循先验演绎的正确方式而成功证明范畴的综合杂多的权利。可以断言,正是康德先验演绎逻辑起点的先天不足驱使康德无法顾及先验演绎的内在逻辑要求向他发出的呼唤,驱使他压制和抹杀自己理性中已经萌动的先验演绎觉悟(比如对"先验对象"概念的触及),不断地拾取经验性概念而偏离自己的先验疆界意识,松弛先验演绎的逻辑标准而苟且为之。

依据自我意识的同一性,康德分离出经验自我意识和保证同一性的先验自我意识,并设定后者为主动的统一性活动的主体。康德的追问到此为止而转向由从中获得的抽象的统觉功能而展开先验演绎这一工作。但是,根据康德的"哥白尼革命"原理,经验存在的可能条件寓存于主体之中,在此即为在先验自我之中,先验自我的存在具有何种形式和可能的经验容纳能力,经验就会具有相应的图式。具体到先验演绎主题上就是,只有先验自我在自己的存在中先天地拥有与直观杂多的相容因素,才能具有对直观杂多的客观有效性。因此,在先验自我中,发现杂多概念并分析确定它与同样归属先验自我的"范畴"的关系,是先验演绎的关键。用元哲学追问的语言可以说，应该把先验演绎的起点从"统觉"提升到对先验自我本身存在结构的分析上，后者占据更高的逻辑地位，具有更丰富的先验演绎资源和更强大的先验演绎功能。

但是，一个被逻辑地抽象设立的先验自我如何能够接受一种反向的即带有具体化要求的内在构成分析？先验哲学似乎在此已经陷入绝路。因此，有必要驻足回头审查康德先验自我的来路，并作出必要和合理的修正。显然康德发动了认识论上的"哥白尼革命"，但是这种革命是以主客体对立及其经验上的自然关系为语境的，因而在他的思想中受到许多常识性观点的干扰，表现出哲学的不彻底性。在康德那里，追索认识本源的活动起始于一个自然经验观点即意识是我的意识，因此，一切意识必须符合自我意识的存在要求。接着，通过"哥白尼革命"，康德把对象意识也转移到主体性领域，使其服从自我意识的规律。由此，先验演绎问题从一个形而上学的存在偶合证明问题转换为主体内部的认识论问题。从问题的可解性看，如此则问题确实被优化了，使之可能有一种理性更可确然把握的认识。但是，在整个认识根源的这种还原过程中，康德被自然观点所误导而不恰当地赋予自我意识以存在上的优势地位，生造出与对象意识的不对称关系。意识是我的意识这一断言以自我与对象的意识内容差别为基础，因而不具有意识存在的最原始关系性质，同时也不具有意识纯粹性。相反，从意识的成就角度看，自我意识与对象意识一样都是意识，必须服从纯粹意识的存在规律。因此，不能停步于自我意识环节来追问经验的主体性根源，而应该把这种追问提升到纯粹意识水平，自我意识的一切普遍特性必然一致于纯粹意识的内在结构。如果离开占有更普遍地位的纯粹意识去理解对象意识与自我意识的关系，那么必然陷入困难之中，即让一种特殊意识内容（对象）被另一种特殊意识内容（自我）所同化，这等效于取消被同化特殊意识内容。半途中断存在根源关系的追问而向自我意识这一分支求索经验意识的普遍形式，势必遭受特殊性对普遍性的干扰而封闭哲学思维的道路。而把哲学反思的起点推进到纯粹意识的高度，则不仅能够在逻辑上把哲学思维提高到意识领域的最高点，使之达到先验演绎所要求的综合方法的起点标准，而且可以为把从自我意识入手所造成的功能视角转换为与先验演绎主题相一致的存在结构分析打开路径，因为意识作为直接呈现的存在，具有被加以普遍分析的可能性。应该以一般意识为起点重试先验哲学。

对康德"概念分析论"叙事结构的逻辑校正*

作为悟性批判重要部分的"概念分析论"被康德分解为两个步骤：范畴的发现即一般所谓的"范畴的形而上学演绎"和范畴的先验演绎。根据康德本人的说明，先验演绎意在解决何以先天的主观概念具有对于感性直观的综合作用的权利问题，或者说范畴与对象的相关问题。如果离开康德悟性批判的出发点即悟性的综合统一功能而以一般认识程序的可能性观点看，这种处理是可接受的。然而，一旦严格回到悟性的综合功能这一康德为之求解的认识现象的立场上，一个严肃而特殊的批判逻辑就显现出来，即在悟性批判工作中，对于每一悟性实现条件或者说悟性的构成要素的确认，在逻辑上都必须以对其参与综合统一的角色的确定为前提，否则就不属于既定问题之答案的范围。因此，"概念分析论"分离了本该统一处理而作出一个论断的认识过程，显现出结构上的不妥当性，即在缺乏先验演绎结果支持条件下"抢先"确认先验范畴，因而认识程序上非法。而后来的先验演绎虽然能够为先前的范畴认定的合法性补写背书，但是先验演绎在康德那里所表现出来的重重困难和不解谜团却严重减弱其实质性效力。同时，这种先验演绎由于被限制在已经被认定的先验范畴范围内而缺乏普遍性，不能保证显示可能参与感性直观

---

* 该文发表于《河北学刊》2009年第6期。

的综合作用的所有内容,而批判哲学按其本性就要求这种逻辑上的认识完整性。所以,至少可以在形式上判定,"概念分析论"的叙事结构应该接受某种逻辑校正。

一 方法局限与悟性要素批判的结构扭曲

根据康德的理解,悟性的认识功能在于"归摄种种表象于一共通表象下之统一作用"①,因此悟性批判的目标就在于揭示这一功能的普遍实现条件。在严格的批判哲学观点上,这些可能的条件正构成悟性本身,与悟性在存在上同一,悟性并无独立于这些条件之外的存在。但在一种常识的认知心理学范畴内,悟性被设立为一种独立的精神实在,从而可以产生将那些可能条件吸收为自己属性的效应。康德的批判语言的句式正由这两种关于悟性的观念所支配。因此,康德对于"概念分析论"作出如下明确表述:"我之所谓概念分析论,……乃在分析悟性自身之能力(此事及今罕有为之者),盖欲仅在产生先天的概念之悟性中探求此等概念,及分析悟性能力之纯粹使用,以研讨先天的概念之所以可能耳。"② 其中,悟性的实体观念导致康德萌动采用存在分析手段来发现悟性构成要素的想法。而在进一步的研究中,悟性的功能观点又使康德把这种存在分析转换为功能表现的成立条件分析。关于悟性概念的这种摇摆给康德带来了批判上的便捷甚至是展开可能性,因为它松动了批判的程序严格性,但也由此牺牲了对批判任务的正确理解和批判路线的一致性,使得"分析"变调或变线。其具体表现为,如为已给定的实体性存在为起点,则分析应该是下行的内容包含分析,它逐层细化存在成分。而如果以特定功能为起点,则分析应该是上行的存在致成条件的推设。前者具有某种类似综合方法的展开形式,而后者是分析方法。在实际操作中,

---

① [德]康德:《纯粹理性批判》,蓝公武译,商务印书馆1960年版,第80页。
② [德]康德:《纯粹理性批判》,蓝公武译,商务印书馆1960年版,第79页。

康德把在悟性的实体概念下确立起来的分析任务却采用与悟性的功能概念相适应的分析方法加以应对。因为，康德在"悟性之逻辑的运用"中沿着机能、概念、判断来上行确定悟性的存在形式，将悟性视为判断能力。但两种情况下所要求的"分析起点"是不同的。问题的焦点在于，这两种分析性认识是否等价或是否可以互换。

可以把康德对悟性存在构成要素的整个分析过程区分为两个形态异质或者说思维方向不同的阶段，即把悟性归结为判断能力与在判断形式中分析提取范畴。前者表现出典型的倒退式分析方法的特征，而后者显然在内部表现出综合方法形式，但对整个判断形式体系的论断却缺乏综合方法所要求的根据要素，带有经验事实的接受性，因而在总体上偏向分析方法。在整个将悟性归结到逻辑领域的过程中，所使用的思维方式都是为给定者经验性地确定上位因果性条件，从认识形相的直观与概念的二分，从机能到概念和判断，都是如此。关于知识形相的划分不是从统一根据中推导而出，而是被认识现象所诱导作出的，而所谓"机能"的悟性本性并不具有逻辑严格性，因为虽然悟性具有统一功能，但在哲学史上另有理智、直觉等与悟性相区分的认识形式被认为具有综合功能，至少认识论历史并不充分支持悟性独占综合功能之说。另外，即便如此，按照认识的逻辑要求，也应该给出事实之外的存在根据。可以看出，康德在确定悟性的存在本质的过程中，始终在依据功能上的吻合而用经验事实性的特定主观存在充作所寻求悟性认识功能的实现条件，其思维为因果序列性的存在条件设定，表现为分析方法的运用。

分析方法的逻辑缺陷使其与康德对悟性批判所要求的认识完备性[①]不相适应。按照分析方法的展开结构和方向，片面性为其所必然带有，因为在每一认识推进环节上，可能的根据尚付阙如，客观上所当拥有的完备根据都隐而未显，是在根据不充分条件下进行断言，必然不能逻辑

---

① ［德］康德：《纯粹理性批判》，蓝公武译，商务印书馆1960年版，第78页。

地保证认识内容的无遗漏性，无法揭示事物本然具有的全面联系。这种逻辑缺陷的自然认识效应为，只能按照经验所揭示的联系物及其序列设定上位根据，其根据地位和性质也只能是充分条件，不能保证自己具有相对充要根据所表征的合格根据系统的唯一性，换言之，不能排除存在其他同类条件的可能性。具体落实在悟性功能的批判上就表现为，关于综合统一这一知识功能的实现条件的断言结果——判断及其逻辑形式种类——仅仅是经验上的偶然发现而并不具有逻辑上的认识周延性和认识上的逻辑充分性。在这一根据确认过程中所涉及的知识分类和认识能力分类的完备性和准确性都缺乏某种逻辑分析意义上的真理性保障，也难以断定在判断力之外已经没有其他导致知识综合的理智能力。在此，要严格区分两种不可能或舍此无他：想象上的与逻辑上的。康德所进行的似乎具有必然性的推理都属于前者即经验想象上的不可能或舍此无他。经验想象上不可能或舍此无他在认识上是偶然的和不确实的，随着认识的发展有被否定的可能性。人类认识史上此类事件多有发生，比如被认识水平所局限，人们一直认为时空是绝对的，因为不可想象其他时空形式，但后来爱因斯坦却证明了另一种相对时空形式。

在分析的名义下可以有两种认识展开形态。分析如果是针对实体进行，那么其目标就是可以选择为静态构成结构；而分析如果是针对特定功能或具有结果意义的特定存在（实体），那么揭示致成条件或原因就成为分析的任务。两者具有相反的认识展开的逻辑方向，即下行与上行。功能分析以给定事实为（后退的或者说上行的）出发点并经验性地设定针对这一事实的致成条件，具有典型的分析方法特征，其论域不仅包括静态构成结构，而且可以开放性地追问其致成动力。而实体分析不是严格方法论意义上的分析方法，而仅仅是由整体到部分的下行式的内容区分和显现，它指向给定的事实性存在结构，并不触及这种结构的来源问题，因为在现成的存在物中，其动力根源已经隐遁。在悟性批判中，康德混淆了这两种分析，以功能分析为出发点但却接受了实体分析的任务模式，仅仅把批判的目光集中在悟性的存在形式或者说综合的构成方式上，而没有在其先验逻辑中为综合的动力设立位置，具体表现为满足于逻辑形式的综合认识意义，不同时追问综合的动力并在它们之间的整体联系中确认悟性的认识方式。因此，康德没有把悟性与感性的认识相关性作为一个（先验）逻辑问题，而是处理为认识论问题被排除在先验逻辑之外加以补充性的有限反思。如果是在先验逻辑的范围内，就不能像先验演绎中那样仅仅把范畴对感性直观的作用考虑为范畴的客观有效性问题，而是必须看成悟性的自身存在结构问题，用建立起来的"先验对象"概念构造与范畴的联系，进而揭示悟性自身的纯粹的客观概念，而不是借助感性对立性来为自己附加实在的客观性。而在这样的先验逻辑中，必然触及范畴作用的逻辑动力问题，即推动它们与对象内容发生关联的动力和根据。只有先验逻辑获得了自己先验的客观性概念并说明了悟性活动的先验动力机制之后，"哥白尼革命"才真正完成，否则自己就留下"尾巴"，被夹在自然的感性经验解释中而求助于常识的主客对立模式，归根到底要依赖"革命"前的客观物（被饰以"物自体"之名）取得认识的意义。但是，在分析方法的框架内，这种对悟性批判的严格要求或本然要求无法企及，因为分析方法在逻辑上就缺乏揭示事物内在本质联系的能力，它只能抽象而外在地设立能够实现被分析对象的条件，[①] 并不能有理性根据地展开对致成被分析对象的根据系统的完备可靠描述。分析方法既不能满足这些认识要求，也不会内在地激发这些要求，或者说独立地提出这些问题。所以康德安然地分割对悟性范畴的发现与对其客观有效性的先验演绎，并未感到逻辑上的不妥和缺欠。其实，按照康德先验批判哲学的意图，被分别处理的"发现"问题和"先验演绎"问题必然要求合并解决，因为理性既然被设想为自由的精神存在，那么就应该得到存在所要求的一切规定性。用亚里士多德关于存在

---

① 崔平：《康德伦理学的方法论缺陷》，《哲学研究》2007 年第 9 期。

对康德"概念分析论"叙事结构的逻辑校正

的形而上学描述要素表达，就是给出关于理性的质料因、形式因、动力因、目的因。如果可以用"范畴"对应"形式因"，用"综合统一"对应"目的因"，那么至少康德还得补写质料因、动力因。而后两者一般地与先验对象和精神存在的结构有关。

对于康德在范畴发现过程中的种种认识上的逻辑缺陷，当人们怀着某种逻辑上的严格必然性要求进行阅读时都会有所发现或隐约地感觉到。康蒲·斯密感到"悟性之逻辑的运用——这一节作为范畴的形而上学演绎之绪言看，是极端不能令人满意的。"① 他进而批评说："康德不能充分详细地发挥他关于论证式的概念之性质的见解，不能足够地弄清楚因什么理由而断言概念作为悟性的一种活动是与判断同一的。"② 他把问题的症结归咎于康德不能清楚说明论证式思维与创造性思维之间的平行关系，在"同一论"与创造性思维成因上的"想象力"论之间摇摆。③ 但是他的这些批评在康德的分析方法范围内是不能得到解决的，因为它们要求以悟性活动的最高内在原理为前提，而后者在具有先天外在性的分析方法中是不可企及的，同时按照分析方法的展开秩序，在论及概念和判断类型时，还不可能触及悟性的最高内在原理问题。斯密所指出的论证的思维与综合的思维之间的同一性问题，可以用先验演绎中提出的综合的统一与分析的统一之间的关系④来理解。但这只能抽象地说明内容的同一性而仍不能达到先验逻辑所要求的清晰和具体，即不能揭示最高逻辑原理的存在基础及其与范畴的具体存在联系。

由于分析方法的先天局限而被排除于先验逻辑范围的范畴与感性直观

---

① [英] 康蒲·斯密：《康德〈纯粹理性批判〉解义》，韦卓民译，华中师范大学出版社2000年版，第209页。
② [英] 康蒲·斯密：《康德〈纯粹理性批判〉解义》，韦卓民译，华中师范大学出版社2000年版，第213页。
③ [英] 康蒲·斯密：《康德〈纯粹理性批判〉解义》，韦卓民译，华中师范大学出版社2000年版，第211—219页。
④ [德] 康德：《纯粹理性批判》，蓝公武译，商务印书馆1960年版，第101页。

的联系机制问题，要求寻求位列二者之上的更高根据加以说明。而唯有综合方法才能完成这一任务，因为它具有揭示内在存在关联的逻辑形式。方法的转换自然要求将其设置为一个独立问题加以个别解决。康德的先验演绎顺乎这种认识要求，在其客观演绎中采取了综合方法这一认识框架，但在展开过程中的具体环节上并未完全坚守综合方法的逻辑要求而是仍然受到分析方法的干扰，具体表现为以先验统觉为基准的"否则"式推理。在先验演绎中，康德的论证意图是通过先验自我这一最高意识原理的中介把范畴与感性直观间接地联系起来，但是做得并不成功。因为，他并不能说明统觉何以生成"对象"，"对象"又何以具有"客观性"，从而由同样具有"对象"或"客观"功能为中介而建立起来的"统觉之客观统一"与"范畴之逻辑统一"之间的同一关系并不具有必然性，不能论断"统一之唯一手段为范畴"，进而还能证明以统觉条件为自己的意识前提的感性直观必然地发生与范畴的意识存在关联。这种不成功的逻辑根源仍在于没有直接建立起范畴与感性直观之间的综合性存在联系，不是在对最高根据的充分展开中切中认识对象（范畴与感性直观），而是在认识对象与最高根据的回溯性归属关系中来进行"先验演绎"。

顺带指出，本来，分析方法与综合方法具有各自的认识展开轨迹，不会发生认识内容或者说展开环节的重合，但由于康德在处理先验演绎问题时在具体环节上仍然借用了分析方法，而它们的起点都是"综合统一"，所以使得在范畴的"发现"和"先验演绎"中发生认识内容的重叠或交叉。因此，可以说，这不是偶然的写作技术问题即不是对长时段中产生的思想卡片的拼凑所致，而是必然的思想逻辑使然。

"概念分析论"在结构上的分裂与康德所抱有的先验批判的完备理想相冲突。本然相关的两个问题被隔离考虑的后果为，使得每个问题的解决都在逻辑上失去了充分元素和完整性。本来，悟性范畴的完备发现需要在悟性最高存在原理下进行，反过来，感性直观与范畴的相关性也必须在对范畴的具体发现和存在联系中来证明。但是，在康德那里，它们已经互为彼岸而没有互相考虑对方的逻辑机会。

从方法论上判定，综合方法具有相对分析方法的认识完备性、清晰性、可靠性上的优越地位，综合式前提批判是先验批判的合法认识方法。因此，对于"概念分析论"，先验演绎所代表的综合方法具有对悟性范畴发现所代表的分析方法的逻辑覆盖性或吸收性，即"概念分析论"的哲学主题应该由恰当设计认识起点的综合方法来求解。由于综合方法具有最高的内在本质揭示力量和最广泛的对存在关联的关注视野，所以，范畴的发现和对感性直观的作用问题必然被整合到一个连续的思维过程中加以统一解决。

二 重新确认"概念分析论"各叙事元素的认识价值

虽然在整体结构上陷于分裂和破碎，但康德还是按照自己所确立的概念分析论的目标提供了一些有价值的片段或者说悟性批判元素。虽然康德对悟性范畴的发现由于分析方法的逻辑本性所决定，不能完成对范畴的必然和可靠确认，但它却实际显示了判断与悟性的相关性，即康德的范畴发现只要从强论断转换为弱论断，就保有其真理性；虽然先验演绎不符合论证上的综合程序和内在认识结构要求，从而未能清晰阐明范畴与感性直观的相关关系，但它却包含了一种从悟性的最高本源出发展开悟性批判的自觉意识，释放出悟性批判的正确认识方向和方法的信息。

以知识的形相划分开始的将悟性归结为判断能力的过程同时具有两种逻辑结构外观。如果把它看成对实体性质的"悟性"所包含的能力的确认，那么就显现为类似于综合方法下的对内在规定性的展示或论断。这是一种存在论的观点，表现为"悟性是什么"这一主题，真正的起点是"悟性产生概念知识"这个断言。而如果采取认识论的观点，着眼于认识展开内容间的逻辑关系，那么它就显现出典型的分析方法的特征，真正的起点是较"悟性产生概念知识"迟延一个环节的"概念则依赖机能"[①]，后来

---

① [德]康德：《纯粹理性批判》，蓝公武译，商务印书馆1960年版，第80页。

的每一环节都在为这一机能寻找和设定实现条件，表现为"统一作用依赖什么"，其中的倒退式条件设定并无内在根据，而仅仅是提供一个事实上使其成立的条件。具体说，从康德所阐述的概念的内在结构不能必然推导出认识的统一要求，即"机能"的出现是对有概念参与其中的现象的描述而非本质分析；从"机能"到"判断"亦然，即判断确实导致综合统一，但不能由此断定判断是悟性之唯一作用，或者说导致统一的活动就唯有判断这一认识形式。对于"综合作用"这一功能，判断只是表现为能够致成"综合"的一种偶然行为，而不是从"综合"必然推导出的知识的一种逻辑结构。在如何选择处理这两种方法观点的问题上，关键在于是把"机能"看成悟性的直接存在还是知识这种存在的现象性功能。按照康德批判哲学的宗旨，悟性的存在应在追问中而处于拟设状态，所以对于"机能"应该采取后一种定性。而整个论断过程的逻辑联系的性质也支持这种立场。在分析方法的框架内，悟性向判断的回溯虽然相对悟性的存在来说逻辑上只具有偶然性，只是对悟性存在充分原因的发现，因而是不完备的，即其原因地位不能被赋予最高性，因为判断作为一种行为还缺乏存在化的承载主体，显然具有可追问性。但是，它仍然具有发现悟性最高根据物的绝对认识价值。因为，按照因果联系的系统化结构，任一原因物作为其中的一环，都享有与其他平行原因诱导发现更高原因物的等价作用，只要在一种连续的根据链条上，都能最终导向对最高根据物的发现。相比之下，综合方法中的推理分支则不具有等价认识价值，其中的不同分支会导向不同的论断发展方向。康德的失误在于，错认偶然的东西为必然的，同时又错认中间性根据物为最终根据物，没有将分析方法贯彻到发现存在联系序列的最高点。具体说，从判断活动还必须继续追问其存在归属，因为悟性作为存在的功能必须有一个形式上为实体的存在来支撑，在这一存在的内在规定性中才能衍生出对悟性综合的具体的系统的内在解释。

由于对综合统一的根源的回溯不足，从判断开始的综合性分析本身也就自然缺乏逻辑有效性。更为重要的是，在内容上就不能展开对判断形式的有根据分析和系统设定。必须指出，康德根据形式逻辑的历史稳定性就断定它的必然性和普遍性的做法，是相对综合方法的内在根据推导要求不合格的，在实质上带有经验事实认定性，没有逻辑上的真理保障。事实上，关于形式逻辑存在着不同看法，比如沃尔夫、鲍姆嘉尔顿等人就对关系判断、模态判断有不同划分，就连康德本人也在修补着形式逻辑以适合自己所需。① 对于抱有悟性批判的完备认识目标的康德来说，为什么综合采取了判断的形式，或者反过来，是什么推动精神展现出判断活动并导向综合，进而为什么判断具有种种形式，这些都需要在严格的综合方法中加以有根据地确定。虽然带有这些不足，但是康德的做法却具有一种认识的示范作用，它显示了悟性批判的理想认识形式即综合方法，并且其中所作的具体论断虽然不能在逻辑上保证是对悟性存在的完备揭示，但它证明悟性批判至少有其某种固有的内容可以追问，因而诱导并见证悟性批判活动的价值。

在获得先验范畴之后，先验演绎即范畴对感性直观的作用权利问题的出现，直接暴露了范畴发现过程中根据追问的不彻底缺陷，正是视野高度不够导致自然遗漏作为范畴作用结构之必然要素的先验的杂多概念和先验的对象概念，使得悟性违背了康德的"自足"实体性的设定而不能内在地给出统一的作用原理和动力。同时，康德对先验演绎问题的处理方式也再次说明了这一点，他不得不通过"哥白尼革命"命题"唯表象使对象可能"②，设立起先验的对象概念，但仍然是从"经验对象"意识中分析提取并在认识上与范畴偶然地联结在一起。因为，康德论断说："盖一切经验在事物所由以授与感官直观以外，确曾包含'所视为由直观所授与即视为所显现之对象'之概念。因而普泛所谓对象之概念，实

---

① [英]康蒲·斯密：《康德〈纯粹理性批判〉解义》，韦卓民译，华中师范大学出版社2000年版，第225—226页。

② [德]康德：《纯粹理性批判》，蓝公武译，商务印书馆1960年版，第96页。

存在一切经验的知识之根底中,而为其先天的条件。故视为'先天的概念之范畴'之客观的效力就思维之方式而言,乃依据'经验由范畴而始可能'之事实。"① 这种对"转移至'范畴之先验演绎'之途程"的描述,实际上是在把先验演绎问题加以悟性内在化,从而把问题转化为悟性与感性之间的逻辑关系即普遍的先验对特殊的经验的管辖权利。否则,问题即陷入自在的主客对立之中而无法得到解决,不能阐明范畴与对象的内在联系。但对这一"途程"的认识和把握过程属于分析方法,即为"经验之对象"设置令其可能的致成条件——先验的对象概念及其致成形式(范畴)。② 范畴形成对象概念的形式是联结杂多的判断:"范畴乃普泛所谓对象之概念,由此类概念,对象之直观乃视为'就判断之逻辑机能之一所规定者。'"③ 在"普泛所谓联结之所以可能"一节中,康德又以"联结"名义回到原来的"综合统一"出发点,另行为其设立可能条件:"联结乃'杂多之综合的统一'之表象。故此种统一之表象,不能自联结发生。反之,统一乃加其自身于'杂多之表象',始使联结之概念可能者。"④ 这就把造就对象概念的联结归结为综合活动。随后统一活动又排除范畴而被要求"必须在更高深处探求此种统一,即在其自身中包含'批判中各种概念之统一及悟性所以可能——乃至关于悟性之逻辑的使用——之根据'者求之"⑤。最终,这一最高根据物被确定为"我思",康德预期"自此种本源的联结,有种种结果发生"⑥。至此,"转移至'范畴之先验的演绎'之途程"开始的确定演绎入手点的工作结束,整个论断过程显现为以分析方法为框架的关于造就先验对象的外在存在条件的推设。正是由于在范畴发现和确认过程中对综合统一之根源的追

---

① [德]康德:《纯粹理性批判》,蓝公武译,商务印书馆1960年版,第97页。
② [德]康德:《纯粹理性批判》,蓝公武译,商务印书馆1960年版,第97—98页。
③ [德]康德:《纯粹理性批判》,蓝公武译,商务印书馆1960年版,第98页。
④ [德]康德:《纯粹理性批判》,蓝公武译,商务印书馆1960年版,第100页。
⑤ [德]康德:《纯粹理性批判》,蓝公武译,商务印书馆1960年版,第100页。
⑥ [德]康德:《纯粹理性批判》,蓝公武译,商务印书馆1960年版,第101页。

溯性分析的高度不够，所以才有先验演绎中的分析方法的续用和补写。关于这种分析性认识的效力，必须放在分析方法的逻辑效力范围内加以理解和确定，其中的果—因性论断在确定追究根源物的意义上是逻辑有效的，但具体的因果联系并不具有存在必然性，即只能取得充分条件地位而不能赋之以必要条件属性。从先验演绎的正确格式看，康德在分析方法的思路上还欠缺一步存在还原，即应该将"我思"这一思维行动主体进一步归结到意识存在之上。在理解了分析方法的认识的逻辑属性和功能之后，也就自然改变或者说降低了对其中认识的水平要求，不再像诸如斯密等注释者那样要求康德给出其间关联的必然和清晰的阐明，而是满足于康德对存在关联路线的描述。可以说，对于寻找最高根据物的认识目标来说，康德的所作所为是合法的、合格的和逻辑有效的。

在接下来以"我思"原理为出发点所进行的先验演绎，开始走上综合方法的轨道，它符合先验演绎所内在要求的认识展开形式。但是，前面的分析已经表明，康德在具体展开环节的内部并没有能够坚持和贯彻综合方法的逻辑要求。这也许由两个原因造成，一个为客观的，另一个为主观的。在客观上，正如《先验演绎的正确格式与康德的自然偏离》一文中所指出的，康德所选定的"我思"开端所包含的思想资源不足，使他无法按照综合方法的本质规定现实地构建先验演绎诸环节。在主观上，也许康德对分析方法与综合方法的认识品性不具有清晰的区分意识，被传统的对称和互逆关系观念所支配，因而不自觉地没有独立筹划综合认识的内在分析道路，而是简单地"原路返回"，因而使先验演绎停留在一般逻辑思维水平，这在先验演绎的各个关节点性概念的内容及其出现序列中体现得非常明显。由此，先验演绎失去其论证上的必然性力量，以致很难说是成功的。由于放弃内在衍生联系的描述而使得先验演绎诸多重要内容必然被逻辑性地忽略，所以呈现出论理的简单化和结构残缺。然而，尽管如此，在先验演绎中，康德还是示范了一种阐释悟性与感性直观相关性的正确方式即综合方法，并且其中的关键环节也具有指点一种正确的先验演绎所应该触及的问题这种积极认识作用，只不过应该以另一种方式加以解决。

在《纯粹理性批判》第一版中，康德在客观演绎之前作出了所谓的主观演绎。一直以来，人们对这种主观演绎的意义评价不一，对它与客观演绎之间的关系也众说纷纭，而康德本人在第一版序言中则对其作出了一个可有可无的消极定位，说"就我之主要目的而言，虽极重要，但并不成为其基本部分。……后者乃追寻所得结果之原因，性质颇近似假设。"① 而康德自己为其著述所作认识标准为"在此类研究中，绝不容许臆断。故一切事物凡有类'假设'者，皆在禁止之列"②。作为印证，后来，在第二版中，康德便删除了主观演绎。但复杂而让人迷惑的是，主观演绎的有些内容却仍然散见于第二版的先验演绎中，比如以"统觉之先天的统一"为根源的"统觉之客观的统一""先验统觉之数的同一"。这就导致人们对主观演绎的认识价值的判断混乱。其实，二版演绎中与此相同的内容并不具有借用主观演绎的性质，而是对这些内容有逻辑上的独立说明。质言之，这些内容也不是主观演绎的结果。要判断主观演绎的认识价值，就必须展开对它的独立分析而不是纠缠在与客观演绎的关系中进行。

主观演绎是为知识的形成由低级到高级地倒推相应的主观能力根源，显然为分析方法，其认识格式为，依据递次回溯归结的综合的不同形态来选择经验心理现象而对应设定心理能力，所作最终论断为带有数的同一性之先验统觉。康德自觉认识到这种认识过程的偶然性，但他并不是根据分析方法的认识的逻辑属性作出这种判断，而是在主观演绎的心理学本性缺乏可逻辑分析性的意义上断言这种认识品质。康德的自我检讨表明，他仍然把主观演绎赋予正题解决范畴与感性直观相关问题的正式认识的性质，因而把其中的内容看作"先验演绎"的一种途径。其实，

---

① [德] 康德：《纯粹理性批判》，蓝公武译，商务印书馆1960年版，序言第5页。
② [德] 康德：《纯粹理性批判》，蓝公武译，商务印书馆1960年版，序言第4页。

所谓的主观演绎仅仅是对正式演绎即以综合方法展开的演绎的起点的厘定，并不承担"先验演绎"的任务。康德对先验演绎的合格起点有明确认识，即"吾人若欲推求此种表象联结之内的根据至表象所集注之点，……则吾人必自纯粹统觉始"①。然而，遗憾的是，关于分析方法与综合方法之间关系的错误互逆观念又一次作祟，诱使康德在综合方法的先验演绎中逆向原路重历了主观演绎的各主要关节点，且在各具体展开环节中又陷入分析方法的窠臼："吾人今将自经验的事象上溯，以图使悟性由范畴之必然的联结明晰"②，而其遵循的格式则为属于"想象的不可能"性质的"否则就不能……"这种否定—肯定式。在作出上述澄清性分析的基础上，可以公正地说，在分析方法所承担的认识任务范围内，主观演绎是有效的，不能因超值期望而质疑甚至否定它。在分析方法及其功能框架内，即使经验心理学联系也是可以接受的。主观演绎仅仅发挥辅助确定真正的先验演绎入手点的作用，实际上本身并不是一种先验演绎。从这种调整后的"主观演绎"的认识定位看，主观演绎在认识上完全等价于第二版中由"悟性之逻辑的运用""转移到'范畴之先验的演绎'之途程""普泛所谓联结之所以可能"及"统觉之本源的综合统一"第一自然段所构成的在分析方法框架内对综合之最高根据的确定。不过，在这两种不同的分析方法所穿越的路线中，存在一个基本的差别，即主观演绎以综合的逻辑形态始而落脚在相应的心理能力上，从而直接终止于具有"自觉意识"属性或"本源统觉"功能的自然存在性的"自我意识"："在本源的统觉中，一切事物必与自我意识之一贯的统一之条件必然相合。"③ 而在第二版的分析方法中，所进行推设的是功能条件。由此就可以理解为什么主观演绎在第二版中能够被彻底删除。因此，实际上并不是由于主观演绎与客观演绎形成双重演绎，并且后者较前者为

---

① [德]康德：《纯粹理性批判》，蓝公武译，商务印书馆1960年版，第131页。
② [德]康德：《纯粹理性批判》，蓝公武译，商务印书馆1960年版，第132页。
③ [德]康德：《纯粹理性批判》，蓝公武译，商务印书馆1960年版，第128页。

有效,所以才有理由取消主观演绎。相反,是由于分析方法所指向目标的同一使得取消主观演绎并不造成悟性批判的不足,以及康德与批评者一样误认主观演绎的认识性质而为回避批评,才促使康德采取删除行动并以另一种形式提供对先验演绎综合起点的说明。

从悟性范畴的发现到两版先验演绎,都显示出两个内在的认识方法分野即分析方法和综合方法,二者构成康德讨论问题的两个互相联系的步骤或套路。这种套路甚至可以扩大地显示在跨著作间的逻辑关系中,即如康德本人指出的,《未来形而上学导论》是分析方法,《纯粹理性批判》是综合方法。而发人深思的是,在叙事的显结构上,为什么没有《未来形而上学导论》而能够写作《纯粹理性批判》。这启示出分析方法所进行的认识的功能和地位并要求专题反思分析方法和综合方法的关系。在此不专门阐述这个问题,而仅仅描述性地陈述康德分别运用分析方法和综合方法的意义:分析方法追溯事物的最高原因或根据物,为综合方法指示起点,其价值在于保证综合方法认识操作中的准确性和可靠性,提高其成功率。而综合方法则是正题性地完备揭示事物本质构成的理论建构认识,承载建构理论全部内容的任务。康德的写作手法示范了一种科学的哲学思维之完整的自然程序。

三 对"概念分析论"合理叙事结构的一般逻辑设置

按照康德的自我规定,概念分析论作为先验分析论的一部分,其任务在于探求悟性的先验认识要素和功能,并且,适应认识的完备性要求,康德明确拒绝亚里士多德式的偶然搜集方法[1]和洛克从现象中归纳范畴的做法[2],提出"先验哲学在探求其概念时,具有'依据一单一原理以进行之利便及义务'"[3]。翻译为方法论语言,这也就是说概念分析论必

---

[1] [德]康德:《纯粹理性批判》,蓝公武译,商务印书馆1960年版,第87页。
[2] [德]康德:《纯粹理性批判》,蓝公武译,商务印书馆1960年版,第98页。
[3] [德]康德:《纯粹理性批判》,蓝公武译,商务印书馆1960年版,第79—80页。

须采用综合方法加以演绎性地决定范畴体系。

　　从方法的认识功能上看，综合方法被其逻辑展开形式所决定，具有独立自主地发现认识对象的存在构成的能力，因为在一种最高根据制导下的层层展开以对事物存在本质和规律的连续揭示为前提。从理论的建构角度说，综合方法占有独立承担理论认识的地位，在其中正面解决一切认识对象的存在规定问题。显然，事关综合方法成败的是认识起点的选择正确性，即这一起点必须具有存在上的最高根源地位，从而在逻辑上能够蕴含和导出一切可能的下位存在本质。因此，概念分析论的起点不能随意决定，必须慎思。一切认识的一般认识论属性提供了这种"慎思"的线索，即它应该为所要认识的存在对象的现象找到处于存在相关关联系统中的最终归属物，因为认识的任务就在于为现象寻求存在根据的解释，而这种根据必然包含在现象所依附的存在主体中。对于这种存在根据的追溯必须沿着直接的存在相关和所属关系展开，并呈现递归结构。从给定存在内容出发推求其根据，这一认识一致于分析方法的逻辑程序，换言之，唯有采用认识方法体系中的分析方法才能够完成这种认识任务。所谓分析方法，正是从给定特殊存在出发，后退式地追问其存在根据或原理，具有由果求因形式，而其展开则为外在性的存在间的因果归结。在分析方法的结果即存在关联路线中就包含对综合方法内在本质构成分析所须指向的存在物及其秩序的逆向指点，因为在原理上这些处于因果关联中的特定存在正是有序存在根据的派生物。对于概念分析论而言，这种在分析方法规范下分析的起点就应该是"综合统一"这一认识活动的结果或知识现象。

　　针对"综合统一"这一认识功能现象，康德在"悟性之逻辑的运用"一节中所作的向判断能力的回溯构成分析方法下的一个分析片段，但因"判断能力"并非实在存在而应该有其主体，所以仅仅处于分析方法的行进途中。而"转移至'范畴之先验的演绎'之途程"中依据"表象使对象可能"翻转所作的普遍判断向认知主体的归结，可以被视为分析方法的进一步推进。在"普泛所谓联结之所以可能"一节中将判断活动向先天的"统一"归结又使分析方法获得一个推进内容。最后，在"我思"的发现和她对本源的统觉的直接造就或存在同一中，分析方法走到其终点即"自我意识"。可以说，在《纯粹理性批判》文本的范围内，康德所提供的这样几个分析方法下的认识片段构成一个完整的对综合方法起点即"自我意识"的确认过程。但是，如果考虑到悟性批判的任务和先验演绎的正确格式所要求的认识资源水平，这一过程还未终结，应当继续沿"自我意识"推进到一般的意识存在，因为显然，"自我意识"也是一般意识的产物。而就一种精神研究的合理论域不应超越精神领域而言，一般意识存在已经是最高的综合统一现象的根据物。

当然，上述对康德文本片段所作的分析方法串缀所得到因果还原链条完全可以被第一版所谓主观演绎内容所替代。二者具有某种平行关系。前者是以综合统一功能的知识构成形态为线索而展开，后者是以与这种知识构成形态相应的主观实现能力的类型为发展线索，表现为心理学性质的追问。在其中，直观感知、想象力再生和概念中认识三者依次向后归结即作为自己的存在根据，最终落脚于"同一之我"。相比而言，主观演绎所代表的分析方法具有更大的直观性和更强的存在联系上的心理存在性。其缺点为没有触及并显示"判断"，因而减弱了分析方法对综合方法的指点功能，但这并非埋葬了发现"判断"的机会，因为综合方法具有独立自主的认识展开力量。由于分析方法并不提供相对理论建构主题的实质认识内容，所以在两种确定综合方法出发点的道路之间择一选用即可。

完成对实施综合方法的起点的确认工作后，就应该立即转向关于悟性存在的内在构成分析。在这一认识过程中，康德所提供的从判断形式到范畴体系发现的内容以及第二版的先验演绎内容，具有重要的要点揭示价值，但由于它们并不符合综合方法所要求的认识推进方向和规则，所以并不能直接搬用，而仅仅是它们所代表的认识任务被吸收进来。而且，实际的综合方法下的悟性批判面貌会完全不同于康德的这些工作。相反，其合乎逻辑的展开应该是从自我意识到综合统一、判断、判断形式体系、范畴、杂多概念、先验对象概念等，换言之，沿先验演绎的正确格式而展开。由于综合方法具有完备揭示认识对象本质的功能，所以在康德那里的范畴发现与范畴先验演绎必然合一，并没有单独提出先验演绎问题的必要性，甚至没有这种可能和机会。在认识任务的性质上，要完成康德所谓的先验演绎就必须完成对悟性存在的严格和全面的分析。因为，在逻辑上，对康德所谓的悟性范畴的确认必须在其功能的联系和揭示中进行，不可设想一种没有针对自己作用对象的作用权利或能力的所谓表征悟性存在的范畴，即如其没有这种权利或能力，就不是悟性的存在内容或者至少可以说不是所追寻的悟性存在的内容。具体到康德的先验演绎问题中就是，范畴的确认本身就应该牵连着感性对象概念以及它对感性对象的综合功能来论证。可以说，康德的先验演绎仅仅是范畴发现工作的一部分。康德的先验演绎在某种综合方法的认识体系中，不仅要一般地确认范畴的先验有效性，而且要证明范畴的唯一有效性，即唯有范畴执行综合感性直观的使命。综合方法的逻辑品性可以保证满足这一要求。

以上为悟性批判所筹划的认识程序是由分析方法确立悟性认知功能的最高存在归属物，然后从对所确认的这种归属物的认识开始，运用综合方法展开悟性批判。这是一个完整的悟性批判的程序。但需要指出，其中的分析方法程序和综合方法程序具有相对悟性批判认识任务的不同认识意义。前者并不构成对悟性存在的揭示，而是仅仅发挥辅助确认综合方法起点的作用，而后者则承担全部悟性批判的正题性揭示任务，直接给出悟性存在的各种可能的内在本质。分析方法叙事对作者和读者的认识作用不同。对作者来说它是一种探索和创造过程所必需的主观精神环节，它避免认识的偶然性和盲目性。但分析方法所承担的认识任务在逻辑上并不构成某种研究的正题展开环节，而仅仅是对研究思路的一种引导和说明，因而不具有普遍认识价值，只具有相对研究者的个人主观思考活动意义和诱导读者思路以方便理解的价值，因为分析方法所描绘的思维道路具有个人思维的偶然性，其中的每一环节所包含的特殊内容在逻辑上并无必然性，而是可以采用其他内容。而对读者即直接要求真理性知识的人来说，分析方法叙事仅仅帮助其理解作者的思想历程以及何以如此处理和解决问题，因而即使没有它也不妨碍文本的真理表达的完整性。所以，所谓的悟性批判的完整程序是创造悟性批判的完整程序，并不是理解悟性批判的完整程序，换言之，是主观探索的完整程序，而不是文本书写的完整程序。具体到康德就是，他可以把对先验自我地位的分析作为私人思维心理事件秘而不宣，径直以"我思"开始他的悟性批判。因此，分析方法所展开的认识线索属于思维准备或探索，仅仅具有描述个人认知心理的意义即说明我为什么这样思考，即使不予公开写入著作之中也不伤害真理建构的完整性。就整个《纯粹理性批判》而言，康德显然采取了省略方式即仅仅综合地处理问题而不赘述何以产生这个问题和何以如此解决问题。在更早的哲学史中，斯宾诺莎的《伦理学》也采取了类似的省略方式。省略分析方法所表述的思想探索路径的著作不表白和说明其主观心迹而只是直接向人们宣示已经发现了的真理，具有训导和灌输姿态，并未考虑为理解提供思想背景上的方便，可以称这种文本为神谕式写作。相反，那些保有分析方法和综合方法完整结构的著作则抱有教导态度，力图说明理论形成的思想背景，为理解理论论断提供心理线索，诱导读者进入特定思想境界，可以称这种文本为教导式写作。神谕式写作和教导式写作各有自己的长短。神谕式写作使文本的理论论断的架构比较清晰，文字约简，逻辑鲜明，但却在客观上拉大与读者的思想距离，产生思想还原性理解上的困难。而教导式写作恰与神谕式写作对调长短，它能够推动读者对作者思想的跟踪和追随，引导读者重历作者的思想历程，但却容易打断或打乱理论的正题阐述的逻辑环节。

不论采取神谕式写作方式还是教导式写作方式，经过重新设计的概念分析论都在根本上改变了其问题形态，使对范畴的发现和"先验演绎"之间的分离被消解，将概念分析论统一在一个问题之下加以展开，即分析作为悟性存在本源的最高根据物的内在基本规定及其衍生的主观规律。

康德理性批判的模糊方法论意识及其逻辑澄清[*]

存在两大理由支持对《纯粹理性批判》的整体构架展开质疑和批判。一方面，通过确立先验演绎的正确格式和"概念分析论"的合理结构，在《纯粹理性批判》内部暴露出不同于其原有叙事结构的批判构建方法，即在知性批判的正题性认识中的综合方法。显然，这种方法的调整不能在康德的原有批判框架内合理实现，换言之，不能被原有框架所包容。另一方面，正像康德所承认的那样，现有批判最终滋生出形而上学，从而相对其限制形而上学的宗旨便陷入"形而上学的形而上学"循环。这个逻辑困难严重削弱理性批判的权威。而按照一般理解，形而上学正是特定思维方法的产物，与认识展开结构和方式紧密相关。两者互相支撑，必然推出一个亟待反思的问题，即被局部确立的综合方法应否和能否提升为理性批判的整体构建方法并是否具有相对康德现有批判方式的理论优越性。

一 一般性诊断：处于方法论迷雾之中的康德

《纯粹理性批判》是否是哲学，甚而是一种形而上学？由于学科与认识方法紧密相连，所以涉及方法论的反思似乎天然要求优先确定被审查对象的学科定位。但是，关于《纯粹理性批判》的这种提问却并不适

---

[*] 该文发表于《云南大学学报》（社会科学版）2013 年第 2 期。

当。因为，按照《纯粹理性批判》在认识上的自我规划，其使命为在一切认识之前首先审查理性本身，故由此可以判定它具有前学科性，一切特殊学科的合法性和有效性都有待它的奠基，从而不应接受历史中某种理性认识形态的特殊方法的限制。相反，《纯粹理性批判》认识目标的逻辑原初地位使它必须放弃批判前的学科立场选择权利，听凭理性批判事业的内在召唤，自由接受被认为具有理性批判适当性的认识方法。而最终的理性批判成果实际呈现什么学科性质即落入哪一学科范畴，则仅仅是一个认识事件的自然特征问题，在逻辑上也是一个于认识的充分历史发展之后的回溯评价和归类问题，其结论外在于理性批判本身而由对学术发展历史内容的分类学论断所决定。因此，对于《纯粹理性批判》方法正当性的考察有权从最一般的认识方法论层面展开，确定其认识的逻辑有效性。换言之，可以悬搁它的学科身份而一般性地追问那些在逻辑上决定认识的真理性的方法属性。这种抽象恰好可以摆脱关于哲学乃至科学的本质的种种纷争，使由此展开的反思获得形式合法性与可普遍认同性。如此，则康德关于方法的一切言论都被纳入合理的反思对象范围。因为，不论它们在什么名义下被提及，只要获得正确认识方法的地位，就有可能在康德的批判构思中被使用。

事关《纯粹理性批判》整体结构因而与本文主题密切联系的是康德对分析方法与综合方法的表述。在《未来形而上学导论》中，康德明确区别两种写作方法，即分析方法与综合方法，指出《纯粹理性批判》使用的是综合方法。这似乎已经行走在与前述"综合方法"相符合的正确的方法轨道上。但是，认真核查《纯粹理性批判》的各个构成部分，却发现它并不是在方法论上一致的和纯粹的，相反，而是有分析方法的踪影出没，并且即使其中具有"综合方法"表象的论证内容也在实质上属于分析方法范畴。方法论上的言行差异提示具有认识严格性要求的理性必须深入探查康德的方法论意识的发展水平。

截至康德时代，分析与综合作为一对认识方法概念屡经演变而具有

多重内涵。分析与综合的原始意义具有高度的直观性,二者均与存在的部分和整体关系相联系,分析是指将事物或表现事物的概念所包含的内容从整体中分解和抽取出来,使之直接显现,而综合是与分析相对待并以之为基础的一个概念,指将有关事物或概念的个别构成内容联结为整体。可以称这种意义上的分析与综合为"分析Ⅰ"和"综合Ⅰ"。

关于概念或个别事物的分析与综合的认识意义被引申运用于判断这一扩大的思维形式上,就形成所谓分析命题与综合命题。作出这一区分的参照点是认识的主观事实状况。所谓分析命题是就主谓之间关系的给定蕴含性而言的,其延伸只能是不断地对已知内容的析取,仅具有逻辑确认意义而无认知扩展意义。而所谓综合命题就是把在主观中原来尚未发现其间联系的主谓词连接在一起,造就它们之间的存在关联关系。与分析命题本身就昭示了它的构造方法不同,综合命题以其主观上的新知任务而把理智推出逻辑必然性的领域之外,因而并无针对两个给定待综合的认识内容的可靠构造方法。根据发生根源的不同,康德把综合判断区分为先天综合判断和后天综合判断,但其阐述却停留在非常抽象的水平,仅仅指出先天综合判断依纯粹理性的内在规则而发生,并未说明何以造成一个先天综合判断。至于后天综合判断,则虽可断定根据经验而产生,但经验本身却含有形成偶然性。就关于存在的任何先天综合判断而言,按照康德的理解即必须经由时间形式,那么也就必然要依赖经验或者说经验方式。可以称判断层面上的分析与综合为"分析Ⅱ"和"综合Ⅱ"。

当以推理的出发点与终点的存在关系为标准来判断推理的认识性质时,就产生包含与否的关系。推理必然涉及存在的构成和关联,那些在出发点中就已经逻辑地包含了结论的推理为纯粹分析的,比如"一切动物都是有血的,鱼是动物,所以鱼是有血的"。而推理要承担实质认识即扩展知识功能,就必须采用出发点并不逻辑地包含终点的方式。这种推理在一种更加引申和转义的条件下,也可以被区分为分析的和综合的,从而形成对事物进行理性认识的分析方法和综合方法。推理的知识增长效应所可以采取的判断形式只有两种，即或者从普遍原理出发综合其所统辖之特殊内容或概念，或者从特殊概念或内容出发上溯其所归属的普遍原理或原因。后者即康德所谓的分析方法，而前者为综合方法。按照康德的表述，所谓分析方法，就是"从既定条件和根据出发，进向原理"①，或者说"我们追求一个东西，把这个东西当成是既定的，由此上升到使这个东西得以成为可能的唯一条件"②。而综合方法就是与分析方法的逻辑方向相反的方法。可以称推理层面上的这种分析与综合为"分析Ⅲ"和"综合Ⅲ"，并狭义地特别称之为分析方法与综合方法。

对于分析方法与综合方法，康德具有关于它们存在方式的基本清楚的概念，但在它们的内在认识进程以及所获知识的逻辑性质问题上却缺乏严格的分析和论断。从所谓范畴的主观演绎看，康德赋予分析方法以必然推理的功能，将其上溯所得之"原理"或"条件"当作必要条件，另外也把外在性的概念的划分当作综合。由此说明，康德错认了分析方法与综合方法。

在第一意义即分析Ⅰ与综合Ⅰ层面上，对于有限的理智来说是一对相对认识目的不可或缺而互补的思维方法，因为认识的对象是存在，而存在具有整体性，所以只有达到综合形式的认识才能把握存在从而成就认识的真理；但另一方面，在认识可能性上，人类理智只有逐一关注存在内容才能把握它们的属性和互相之间的关系。就分析的结果仅仅是对事物构成内容的发现，而综合需要某种统一关系而言，综合并不是机械叠加而是要求认识的创造，因此在分析的终点处恰是提出了一个具体的新问题而不是解决了问题，实质性的认识过程即具有发现使命的认识活动有待深入展开。可以说，这种意义上的分析与综合在缺乏关于综合的必然实现方法的条件下，仅仅是一种基于认识要求或认识功能的对认识的外在描述，而不可能给出具有操作价值的可判定的内在的思维逻辑的

---

① [德] 康德：《逻辑学讲义》，许景行译，商务印书馆1991年版，第138页。
② [德] 康德：《未来形而上学导论》，庞景仁译，商务印书馆1982年版，第32页。

规定。因为，在其中，不但综合自身处于主观偶然性之中，而且分析本身也由于综合的实现条件的不确定而在入手层次和展开程度上成为不可逻辑确定的。在逻辑上，不论分析进展得如何深入，都不能自然触及和显现造就综合的关系，因为一方面纵向的分析所指向的存在方向背离存在的整体化，在其当下意识视野内，分析越深入则背离整体越远；另一方面，由于横向的分析的结果只能是事物的部分构成要素以及它们之间的关联关系，而综合的关系或原理只能在整体参与的情况下存在，所以分析决不能切中所分析层面的整体化关联关系或原理。因此，分析与综合在认识性质上存在根本差别。单独看，分析具有思维的必然性，是所谓"能行"的认识活动，即在主观范围内可以自然展开而加以实现，但综合却具有思维的偶然性，其实现带有认识上的主观创造性和随之而来的不可保障性。而就二者认识上的相互关联看，则它们都面临认识上的主观自由裁断处境，并非纯粹逻辑性思维。

关于判断的分析性形成方法与综合性形成方法即分析Ⅱ与综合Ⅱ，由于与概念的分析和综合具有相同机制，必然带有同样的局限性，即像不能发现关系一样，不能发现新的综合。而在逻辑上，它们与分析Ⅰ和综合Ⅰ的区别在于，不像后者那样涉及认识对象的存在整体，而是仅仅论及认识对象的个别构成内容或者说部分存在内容。

在推理中，之所以分析方法所指称的认识活动被称为分析方法，不在于主观认识的逻辑特征直接具有从已知中抽取内容，而在于采取了一种存在论观点，即那种"既定的"东西相对于使之成为可能的条件在粗略的存在观点上看具有包含关系，也就是说，虽然"条件"相对给定现实占据逻辑优先地位，但是"给定现实"应该以"条件"为存在基础。因此，尽管从既定东西出发推求其"条件"的认识必然表现为推理过程，并"经常使用综合命题"[1]，但却被拟制为分析的即从"既定东西"

---

[1] [德]康德：《未来形而上学导论》，庞景仁译，商务印书馆1982年版，第32页。

的抽绎过程。相反，综合方法（前进法）却名副其实，保持着存在意义与认识的逻辑意义的一致，即不仅推理进程直接表现着存在的内在秩序，而且在主观认识过程中也是在一个普遍原理或属性的支配下创立不同内容或属性的整体关联的过程。当然，可以断定，综合方法中也会使用分析命题，但由于分析命题并不实质扩展知识亦即不参与认识目标的实质达成，所以并不构成对综合方法的本质的损害。尽管康德本人没有直接指明，但可以断定，在康德的逻辑思想体系中，分析方法表现为反思的判断力的运用，在逻辑形式上为后退的三段论推理。而综合方法为规定的判断力的运用，在逻辑形式上为前进的三段论推理。按照康德关于规定的判断力的定义，根据普遍原理或属性发挥作用的性质，可以将规定的判断力推理分为两类，一种是仅仅抽象地把普遍原理或属性所表达的规定性叠加在特殊的作用对象上，前述纯粹的分析推理即是。另一种是以普遍原理或属性作为限制作用对象的存在条件，具体规定被作用对象的存在方式，即在普遍规定性的演绎推进和展开中，把诸分离的特殊存在内容或概念创造性地归整为整体，在其中，给定的普遍原理或属性作为存在形式的要求而发挥作用。可以断言，与分析方法相对待的综合方法仅仅指后者。

分析方法是由特殊存在进到普遍原理或上位条件，在其给定的出发点中，按照概念分析的局限性，并不包含成就存在的更高级的关系或原理，因此由之开始的特定认识也并不具有事实性或既定性所带来的认识必然性。相反，是必须运用反思的判断力以主观增设上位条件的活动。从判断的形态上必然表现为以给定存在内容为主词的综合判断（逻辑上不蕴含）。虽然康德看到了这一点，但他并未深究分析方法认识结果或推理论断的逻辑品性即有效性。由于存在的构成条件可以分为两类，即内在的上位普遍属性或原理和在存在上具有分离关系的自然因果性的原因（物），所以分析方法的上溯有两条道路或两种可能性。按照前者，则是为给定对象设立普遍的存在形式，只能为之设想一种逻辑上能够使之成为可能的原理，以可

解释性为满足，并不能排除其他设想的可能性。按照后者，则只能在观察性的现实因果关系中为之确定原因及其链条。但不论哪种选择，其结论都在逻辑上具有偶然性，可以断定的是充分条件地位，而非必要条件地位。因为，在缺乏论断的直接必然根据的情况下，普遍原理的设想仅仅保证其逻辑可行性，并不能保证唯一性，而自然性原因也只是事实上给定的，只能说明它具有致成能力，但并不能排斥其他可能的原因的存在。在两种情况下，即使在主观思维中似乎已经没有其他选择，那也只能是一种想象的不可能而非逻辑不可能，因为不能以某种根据而必然地确认它的唯一性或者说穷尽性。可以断言，分析方法的认识真理性是不确定的。除此之外，分析方法还带有认识的逻辑不完备性，因为它的每一断言的推进都是在推理的根据有所欠缺的条件下进行的。

与分析方法的上述不足不同，综合方法只有一种认识发展前途，即提示事物的构成而不会处理自然因果问题，因为普遍原理或属性只能属于一个事物，即使它们涉及具有存在分离表现的存在物，也只能在同一存在的拟制下展开思维，也就是说，综合方法只能是对存在的内在构成的综合或其结果只能造成一个存在整体。

从分析方法与综合方法的本质差异可以看出，二者之间并不具有通常所认为的那种认识上的互逆和等价关系。显然，因果性的分析方法与综合方法具有完全不同的认识内容展开路线，而即使是原理设定性分析方法也因其无中介性而必然相对综合方法具有粗疏空洞缺点，同时由于其普遍原理设定的主观不确定性不能与要求具有确定真理性根据的综合方法达到同一。因此，分析方法与综合方法并非可以视方便与否而供互相代替的两种认识方法。进一步，在一种严格的认识中，必然要求认识的逻辑有效性的清晰和确定，而这必然排斥两种方法在同一认识过程的正题论证中的混合使用，即连续论证的"接力"式展开，因为如此将直接造成整个论证的逻辑无效：必然性推理不能以一个其有效性处于偶然状态的命题为开端，也不容混入偶然性论证元素。因此，必须明确分析方法与综合方法的认识功能并限定其使用范围。

进行普遍原理推设操作的分析方法必然陷入主观不实之中而成为一种坏的形而上学,有违认识的存在确实性。而在外在自然因果性的分析方法中,则虽然缺乏认识论断的普遍性,但以其事实性却仍然保证了论断的存在确实性,是可以采用的有效认识方法。但分析方法的这种运用在认识上的积极意义不是直接提供普遍原理,而是指明为获得最高原理所应当采取的恰当入手点。在限制了分析方法的认识功能之后,综合方法必然相应地失去接受现成最高原理以展开综合性推理的方便,而是必须从具有可运用综合方法前途的事物开始,以普遍的存在属性为起点展开推理活动。

康德明确提出认识的存在确实性①与逻辑完备性②的要求,但没有清楚地意识到并消解二者之间的张力。他以认识的确实性要求为根据,认为哲学必须使用以事实为出发点的分析方法,而没有进一步认清分析方法(包括广泛意义上的分析Ⅰ、分析Ⅱ)的认识效力的欠缺。但是,虽然他没有正面阐述分析方法的逻辑完备性不足,却直接认为综合方法才能满足他所提出的认识的广泛的完备性要求。他意识到:"为了通俗化的目的,分析方法更合适;而为了科学系统地论述知识,则综合方法更合适。"③略有遗憾的是,康德在《逻辑学讲义》的"一般方法论"中把概念的逻辑划分理解为实现认识完备性的方法,而在这一范围内,"分析方法"也位列其中,但分析方法何以能够促进完备性是亟待阐明而又未见触及的问题。同时,显然,康德把综合方法简单化为分析水平上的自上而下的划分,这与被称为前进法的综合方法存在根本差异。如果深究,综合方法如何具有划分的功能也亟待阐明。如果采用综合方法,那么康

---

① [德]康德:《康德全集》第二卷,中国人民大学出版社2004年版,第78、285、287、290、328、337页。
② [德]康德:《逻辑学讲义》,许景行译,商务印书馆1991年版,第27、63、129页;《纯粹理性批判》,蓝公武译,商务印书馆1960年版,第78页。
③ [德]康德:《逻辑学讲义》,许景行译,商务印书馆1991年版,第138页。

德也面临在认识立场上的自我协调困难，即他曾经坚持哲学的反数学化立场，表明自己全面接受了广义的分析方法，以反对形而上学的虚妄。① 因此显而易见的问题是，如何避免作为综合方法前提的普遍原理的主观独断性。认识上的逻辑悖论在于，这种前提恰应是认识的结论。事实似乎是，康德在旧形而上学中发现了综合方法的主观独断性，同时也在分析方法中感觉到了某种不可靠，比如从果推因和根据矛盾律的推理的不可靠性。② 在理论上，康德摇摆于分析方法与综合方法之间，而在行动中，康德在认识的存在确实性和逻辑完备性的双重压力下，选择了具有综合外表而实质上属于分析方法范畴的逻辑划分方法，牺牲了逻辑完备性而放弃了具有真正综合意义的综合方法或者说前进法。康德并没有针对自己提出的认识要求即存在确实性与逻辑完备性认真反思一种认识方法安排，而是任由某种潜在的冲突存在，被局部认识要求所推动而随机采取机会主义式的"灵活"立场。

可以用如下素描来概括康德方法论反思的水平：他关于哲学的正确方法问题的反思带有浓重的历史发生性，这意味着不彻底性和局限性。他对于哲学方法的讨论起因于反对当时形而上学的哲学实践的需要，当他把目标锁定于重建哲学的确定性上时，分析方法就受到推崇。而当他考虑认识的逻辑有效性而追求知识的完备性时，综合方法就进入他的视野，但也仅仅是逻辑划分意义下的综合，而那种本真意义上的综合方法由于受到支撑分析方法的观念的干扰并不能在总前提问题上得到合理设想和接受。大体上，康德以一个哲学方法论上的反数学家原则者的身份出现，反拨笛卡尔以来的哲学对数学的模仿倾向或者说癖好，而更加亲近分析方法。但在自己的哲学研究中，康德又感受到某种数学式综合方法的内在要求，不得不重新给予综合方法以哲学地位。问题是，综合方

---

① [德]康德：《康德全集》第二卷，中国人民大学出版社2004年版，第286、287、289、290、372页。

② [德]康德：《康德全集》第二卷，中国人民大学出版社2004年版，第88、99页。

法与分析方法具有不同的展开结构，因而形成关于同一哲学认识的竞争，而康德又未能找到二者相容的自然形式，所以它们使康德处于不可消解的张力之中，摇摆于二者之间。康德对于分析方法与综合方法的反思还停留在分别考虑它们各自的认识功能层面上，既没有揭示分析方法与综合方法的合理使用限制，也没有深入批判地考察二者之间认识组合的可能性及其方式，处于一种方法论上的盲目状态。

二 分析方法与流俗认识论的邂逅及其后果：理性批判起点的错误确认

分析方法与综合方法以各自对认识起点的特殊要求，形成对理性批判不可调和的竞争。最终，分析方法凭其起点所分有的直接的存在确实性对康德反对虚幻形而上学动机的满足，取得了理性批判的支配地位。按照分析方法，理性批判应该以理性活动事实为起点，追溯其普遍原理。一般看来，分析方法具有更大的认识合理性和现实性，因为存在事实是可以直接确认的，同时认识也应该由浅入深，只有这样的认识才是可理解其可能性的认识活动。相反，综合方法在其通俗的观念中则显现某种悖理性，即在认识的起点处要求关于认识对象的最普遍原理，而按照流行认识论的认识秩序，这恰恰应该是认识过程的终点。在这种悖理的认识过程中，最普遍原理就只能被想象为脱离具体存在的主观独断，因而与坏的形而上学同出一辙。两相比较，一心推翻旧形而上学的康德当然不能贸然选择具有认识完备性的综合方法，而冒受到用虚幻的形而上学反对形而上学的虚幻的指责风险。

与康德对《纯粹理性批判》的方法论上的自我理解不同，他采用的是分析方法而非综合方法，这可以通过实际考察它的叙事结构加以核实。首先，《纯粹理性批判》对每一问题的讨论都以一个经验命题即对特定存在的确认开始。在全书的整体结构上，被关于认识的经验事实的划分所奠基，而在先验感性论、先验原理论、先验辩证论中，则分别以感性经验内容、知性综合行为、理性推理活动这些认识的现实显现为开端。进一步，无论是"空间""时间"的"形而上学阐明""先验阐明"，还是范畴和理念的"形而上学演绎""先验演绎"①，都采用了"A（事实），非B则非A，所以B"这种论证方式，在其中所进行的是一种倒退式认识活动，即由给定事实寻求其最普遍原理，因而落入与综合方法的前进式相反的分析方法的认识模式。这些被设定或选择的"事实"，在感性直观形式的论证中是现实的感性知觉，在范畴的论证中是作为知性表现的综合功能或"规律之能力"所造成的客观经验，在理念的论证中是作为理性表现的"原理之能力"所造成的普遍（终极）原理。由于分析方法的逻辑局限，即前述所谓事物分析（分析Ⅰ）的关系逃遁或隐身、判断分析（分析Ⅱ）的不确定与不可逻辑穷尽和分析方法（分析Ⅲ）的非必然性，康德从诸给定事实出发并不能以事实为根据而必然地从中引申出所期望的结论，即不能采用正常的理性推理形式，而只能通过反证法来作出论证。其具体表现就是，在另外的事实联系中寻找一个根据"B"，独断地论断为"非B则非A"。因为，其实，这一论断缺乏逻辑可靠性，充其量只是想象上的不可能，而非逻辑上的必然不可能，其中的"B"只是充分条件，而不能当然取得必要条件地位，即不能排除存在其他致成条件的可能性。比如康德对"空间"作为外感经验前提的论证，就不具有必然性，因为可以设想"空间"观念与外感经验发生上的协同性并作为构成内容而呈现，"空间"概念独立性的论证根据"可以抽去一切内容而想象纯粹空间"也不可靠，因为在哲学史中贝克莱就曾论证"广延"等第一属性离不开第二属性。在与直观形式的论证具有同构关系的范畴的论证与理念的论证中，存在同样的缺点，即判断、

---

① 关于范畴的"形而上学演绎"和理念的"形而上学演绎""先验演绎"，这些说法并非康德原著中出现的正式概念，或为康德间接提及，参见［德］康德《纯粹理性批判》，蓝公武译，商务印书馆1982年版，第115、472—473页；或为后世研究者们为类似内容给出的称谓，并且仅为间接表述即理念需要形而上学演绎和先验演绎，参见［英］康蒲·斯密《康德〈纯粹理性批判〉解义》，韦卓民译，华中师范大学出版社2000年版，第446页。

推理都只是知性功能和理性功能的充分条件，而非逻辑上的必要条件，仅仅具有观察性论断的效力，掺杂着特定的西方文化背景。

那么，康德所自称的综合方法在《纯粹理性批判》中如何表现？可以概括地回答这一问题，即体现在康德"依据单一原理"① 发现和确定知性范畴和理念，以及关于它们的先验演绎中。在确定了知性的"判断"逻辑运用、理性的"推理"这一逻辑运用形式之后，康德根据判断和推理的统一原理，按照其形式划分确定范畴和理念，又根据意识经验的自我意识原理建立起知性和感性的联系，根据理念在先验观念论的合理范围内对范畴的制导来确定理念的存在权利。这些都表现出某种综合方法的外表。但是，细究起来，它们都不具有严格的综合方法认识本质，在实际上仍属于分析方法的范畴。因为，范畴和理念的划分和确定并不是由单一原理出发的内在推导，而是外在嵌入式的逻辑划分，即依据对逻辑思维形式的形式逻辑的接受来获得现成的认识线索，这属于事物构成分析（分析Ⅰ）的工作，且仅仅停留在经验划分水平。真正的综合方法应该是从判断或推理的本质出发，演绎地推导出范畴和理念。而范畴的先验演绎的目标是综合感性和知性，但其本身的展开也并非从康德自己选定的"自我"出发内在地推导出范畴与感性直观的必然关联及其具体方式。至于理念在先验观念论条件下的"统制的使用"功能，虽然意在说明理念对范畴的作用合理性，但论证本身却并不是从普遍原理出发的内在推导，而仅仅是功利主义辩护。所以，总体说，康德的所谓综合方法在实质上都是分析方法，片面地分有综合方法的个别要素，而并没有真正贯彻综合方法的认识过程，即使其中的某些使不同认识能力发生整体性联系的综合也并不是纯粹综合方法（综合Ⅲ）的结果。

由于并不清楚分析方法的诸多认识局限性，特别是分析方法在认识完备性上的缺陷，所以在对旧形而上学虚妄性的恐惧之下，分析方法成

---

① ［德］康德：《纯粹理性批判》，蓝公武译，商务印书馆1982年版，第79页。

为具有自己存在确实性起点的认识方式,从而也就是康德所能做出的自然选择。在选择分析方法之后,寻找可资作为出发点的存在事实就成为第一认识步骤。而对于以认识能力为目标的理性批判来说,作为认识起点或认识对象的"事实"必须具有精神存在的整体性,同时,相对于分析方法的特定认识展开方向,被选定的"事实"也必须是精神活动的结果或者说功能表现,以顺合由果溯因这一分析方法的内在逻辑。面对复杂的精神现象,康德采取了一种非批判立场,以为历史上的持续流行就是事实性的见证,从而继承亚里士多德以来的理性心理学的传统观点,把精神活动分为感性、知性和理性,并赋予不同认识以实体性的认识官能地位,分别追溯它们的存在原理。其实,严格地看,这种划分和确认并不具有传统的一致性和无争议性,在哲学史上一直存在与此不同的精神现象划分,比如介于感性和知性之间的"知觉"、介于知性与理性之间的"理智"、介于感性和理性之间的"理性直观"等。因此,不唯简单接受一种流俗认识论成见这一做法是与批判本身不相称的,就是具体内容的确认也并非安固。质言之,康德所确认的精神存在的"事实"在完全性和准确性上带有严重瑕疵。

亚里士多德理性心理学对灵魂的思辨考察确立起一种批判构架,即在"知识—官能"的心理学性对应划分和归属中,分别进行官能的功能构成分析,设定某些心理功能然后对它们进行哲学分析,这是后亚里士多德认识批判的一贯套路。所以,黑格尔说:"亚里士多德论灵魂的著作及其关于灵魂的各种特殊的方面和状态的讨论,就一直是关于这个对象的具有思辨兴趣的最优秀的甚或惟一的作品。精神哲学的主要目的只能是把概念重新引入到对精神的认识中去,与此同时也重新揭示上述亚里士多德著作的意义。"[1] 正是亚里士多德的理性心理学决定了康德的精神事实立场。因此,为判定康德对精神存在的事实确认的合理性,就必须

---

[1] [德]黑格尔:《精神哲学》,杨祖陶译,人民出版社2006年版,第4页。

认真审查亚里士多德的理性心理学。

在哲学史上，亚里士多德第一个树立起对精神进行系统分析的自觉，并具有明显的批判意识。他在《论灵魂》中说："我们认为所有知识都是美好而有价值的。就知识的精确性而言，或就知识对象的崇高和精美而言，有的知识更富有价值。就这两方面来说，我们有理由把研究灵魂的学问放在第一重要的位置上。而且这门研究似乎对全部真理的认识，特别是对自然的研究大有裨益；因为在某种意义上说灵魂就是生命的本原。所以我们首先来寻求解释和研究灵魂的本性和实质，然后研究灵魂的属性。"① 亚里士多德在分析、批评关于灵魂的各种观点——比如灵魂的自然式运动说、和谐说——的基础上，在其形而上学的基本范畴框架内，对灵魂作出了自己的界定，认为"灵魂，作为潜在地具有生命的自然躯体的形式，必然是实体，这种实体就是现实性。灵魂就是这一类躯体的现实性。现实性有两层意义，其一类似于知识，其二类似于思辨。"② 作为躯体的形式的灵魂"由营养能力、感觉能力、思维能力以及运动能力来定义"③，并是它们的本原。这每一种能力都是灵魂的一部分，而且递次性地后一种能力包含前一种能力。亚里士多德的灵魂分析相对认识批判任务的不彻底性在于，从逻辑上讲，认识能力的分析不应该以任何这种认识能力的运用结果为前提，使之蜕变为某种学说的运用，而亚里士多德的灵魂学说却恰恰受到他的形而上学理论的直接支配，是其形而上学在灵魂存在问题上的翻版。亚里士多德理性心理学的模式是为每一种不同性状的认识结果分别设立某种实体性的存在条件，进而按照使不同性状的认识结果逻辑可能的原则设定相应的实体性构成形式。

---

① ［古希腊］亚里士多德：《论灵魂》，《亚里士多德全集》第三卷，苗力田主编，中国人民大学出版社1992年版，第3页。

② ［古希腊］亚里士多德：《论灵魂》，《亚里士多德全集》第三卷，苗力田主编，中国人民大学出版社1992年版，第30页。

③ ［古希腊］亚里士多德：《论灵魂》，《亚里士多德全集》第三卷，苗力田主编，中国人民大学出版社1992年版，第34页。

但这种操作存在逻辑不可靠性,那就是它必须假定具有严格的一因一果对应关系,而这是一种极其冒险的形而上学独断,并且严格说来,因果对应关系的任何论断作为一种与认识能力相关的认识,在认识能力本身得到彻底揭示之前,必须保留为处女地而不可以贸然涉足。这一断定所包含的逻辑关系被胡塞尔明确地意识到并作了如下表述:"只要进行认识的主观性——在一切现实的和可能的认识和科学之中它必须作为本质相关项被补充考虑进来——未被研究,只要有关一切可能的进行认识的意识——在其中一切真正的存在都表明是主观的成就——的普遍的和纯粹的科学未被建立起来,就没有任何一种通常很合理的科学是在完全意义上合理的。如我们已说过的,关于认识的主观性的科学与所有的科学相对峙,从最广义上理解,它是一门探讨意识的主观、意识和意识上以为的一般对象性的科学。这门科学与作为相关物的所有其他科学以下面的方式相对峙,即它使其他科学在每一步上,而且即使是按照最初级的经验在意识上成就的东西,都根据这种主观的有所成就的活动成为原则上可以理解的,并由此才成为最终合理的。"[①] 尽管理性心理学带有这种逻辑缺陷,但它还是凭借其历史的连续相传而获得了康德的宠信。

除了逻辑可疑,以方法论眼光看,从流俗化中骗取客观事实性信任的精神划分即感性、知性和理性,并不符合分析方法的起点要求。因为,它们既不是一个事实,也不是对具有存在整体性的同一事实的构成成分的完备和科学划分,相反,是一种基于认识经验的归纳。由此,它们之间作为互相分离的存在而存在,理性批判是从三个事实而非一个事实出发,并附加一个独断的论断,即感性供给材料,而知性和理性加工感性材料。可以说,正是流俗的理性心理学教条限定了康德的提问方式,他开宗明义地宣称:"知识不问其以何种式样何种方法与对象相关,其所由以直接与对象相关,及一切思维所由以得其质料者,为直观。但直观仅

[①] [德] 胡塞尔:《第一哲学》(上卷),杨炳文译,商务印书馆2006年版,第93页。

限在对象授与吾人之限度内发生。对象授与吾人，又仅在心有所激动之限度内始可能，此点至少就人而言。'由吾人为对象所激动之形相以接受表象'之能力（感受性），名为感性。对象由感性授与吾人，仅有此感性使吾人产生直观；直观由悟性而被思维，且自悟性发生概念。但一切思维，不问其直接间接，由其性格最后必与直观相关，故在吾人人类，最后必与感性相关，盖因舍此以外别无其他方法能使对象授与吾人也。"① 在将精神分割为三种独立存在而实施分析方法的认识之后，其前途在逻辑上就只能是分别获得各自的存在原理，而不会发现它们之间发生关联的综合原理。在理论上，范畴的先验演绎问题、理念的先验演绎问题乃至感性与知性、理性与知性之间的"图型"学说，都是根据流俗认识论的加工作用设定而独断地外在强加的问题，不可能在分析的出发点获得解决的合理根据。就理性批判的目的而言，即使在接受分析方法的前提下，它也应该从精神存在的统一事实出发。另一方面，感性、知性和理性的"存在事实"身份极端可疑，无论把它们作为独立的认识形式还是独立的官能，都缺乏充分的根据。逻辑实证主义在对纯粹经验的极度需求下努力寻找纯粹经验，但结果却终是被纽拉特"没有原始的记录语句"这一断言斥为幻想。在目前精神认识的水平上，还只能说感性、知性和理性的划分仅仅是对复杂认识现象的某种抽象，难以合理提升为可独立研究的存在对象。即使感性、知性和理性的划分是相对精神存在的完整准确划分，但在互相剔除后的各种孤立精神存在形式，也绝不能在自身中蕴含与其他精神形式的关联要素，不可能内在地引向综合认识。所以黑格尔这样批评观察和描述各种特殊精神能力的经验心理学："把精神的各种特殊能力（它把精神肢解成这些特殊能力）当作被给予的从表象那里接受下来，并不通过从精神的概念里推导出这些特殊性这样来证明在精神里必然地正好存在着这些能力而不是别的能力。" 在他看来，

---

① ［德］康德：《纯粹理性批判》，蓝公武译，商务印书馆1982年版，第47页。

"对精神的活生生的统一的自我感觉自发地反对把精神分裂为各种不同的、设想为相互独立的能力、力,或者结果都是一样,设想为各种不同的、彼此独立的活动。而立即呈现出来的诸对立,如精神的自由和精神的被决定性之间的对立、再如灵魂的自由发生作用和外在于灵魂的形体性之间的差别,以及又立即呈现出来的双方的密切联系,却更多地导致在这里去进行概念式理解的需要"①。

以分析方法开始的哲学,由于缺乏综合的内在根据,所以在其意识到综合的需求时,必然陷入坏的形而上学,即按照逻辑需要来主观添置一种存在物或存在属性。在《纯粹理性批判》中,这种形而上学附加物即为连接直观与范畴、范畴与理念的"图型"。

三 作为严格而科学的理性批判对转向综合方法的诉求

康德写作《纯粹理性批判》的目的是为形而上学奠基,使之由此走向科学,即获得认识上的系统性、确定性。② 因此,它本身必须具备科学性。然而,分析方法缺乏认识论断的逻辑必然性和完备性保证,不能满足理性批判任务的内在认识品质要求。③ 在分析方法中,为论断理性本质所作出的普遍综合判断必然带有独断性和主观性,从而表现为坏的形而上学。相反,只有综合方法才能在认识结构上保证认识根据的充分性和认识扩展的完备性,从而保证理性批判本身的论断真理性和科学明晰性。广义的分析只能使既有知识呈现逻辑明晰,而不能使认识探索获得明晰品性。④ 而理性批判在认识上并非属于一种概念的明晰化,而是肩负着为理性原始地规定存在属性的使命,当然不可回避制作综合命题

---

① [德]黑格尔:《精神哲学》,杨祖陶译,人民出版社2006年版,第5—6页。
② 康德的"科学"概念是基于逻辑学标准建立起来的,科学性取决于由认识形式所保证的知识完备性。参阅 [德]康德《逻辑学讲义》,许景行译,商务印书馆1991年版,第63、129页。
③ [德]康德:《逻辑学讲义》,许景行译,商务印书馆1991年版,第138页。
④ [德]康德:《逻辑学讲义》,许景行译,商务印书馆1991年版,第132、138页。

以实现探索未知的活动。一个确凿的综合命题的必要条件应是决定其构成内容之间联系的普遍原理在先给定，从而使思维的综合要求之所指和关联关系成为有根据的。在综合方法的系统化形式中包含对各个认识层次的论域的完备确定能力和认识推进的根据的充分显现的现实保证。

显然，康德意识到了认识形式之间的这种效力差别，并努力在分析方法的框架内采用综合方法加以补救，只是被两种方法的内在不相容性所阻而不可能真正实现。如前所述，康德所实施的某种综合性步骤在实质上并非综合。在分析方法的基本框架内，不可能合理地发展出一种合格的作为综合方法的认识起点的普遍原理。因为，分析Ⅰ和分析Ⅱ只能使有待综合的内容清晰化，而不能直接发现普遍原理。分析Ⅲ虽然设定自身为容纳综合命题的认识方法，但被其认识展开方向所决定，其中所设立的普遍原理仅仅针对给定存在内容，而并不能扩展到其他可能的存在对象上。也就是说，在分析Ⅲ之中，普遍原理与认识对象是已然单一对应的。而作为综合方法的普遍原理在逻辑上应该对应许多存在对象。进一步，从认识展开的可能内容上说，在分析方法限度内产生的普遍原理被其形而上学主观性所决定，都必然带有抽象空洞性、简单性和外在性，仅仅设立直接蕴含其出发点的原理或条件，并不能深入揭示存在本质，所以并不具有内在地推进综合的力量，充其量只能形式化地重新逆向重新确认分析方法的认识环节之间的联系，并且也不能使这种确认获得必然性，因为从分析方法而来的仅仅具有单纯充分条件地位的普遍原理，并不能排他地走向（返回）给定认识路线。比如从道德的义务与幸福之间的冲突设立起作为二者之间协调一致保证的上帝，但从上帝出发却并不能必然地推出道德及其义务和幸福效应。

分析方法不能提供综合方法起点的更深层原因在于，被分析方法所思维的普遍原理带有坏的形而上学的主观任意构造性，无法证明其必然确定性。但综合方法却要求作为其起点的普遍原理具有存在确定性和认识必然性，否则由之展开的一切认识环节就都将陷入真理的不可判定状态，从而失去认识活动的有效性。

因此，康德理性批判的坏的形而上学归宿有赖于实行彻底的综合方法来克服。

进一步，可以断定，先验演绎的正确格式所要求的综合论证结构以及"概念分析论"所要求的逻辑校正，都不能在原有分析方法的框架内加以实现，亦即不能安然包容在《纯粹理性批判》的现有叙事结构的基础之上。相反，它们必然内在地要求彻底地把理性批判放置到综合方法的基础上。支持这个断言的根据除了上述分析方法不可能在自身之内提供综合方法的起点之外，还有与此论据形成互补关系的重要原因，即任何在分析方法之外所设置的局部性综合方法认识，比如范畴的先验演绎、理念的合理性的先验演绎，都必将包含分析方法所承担的认识任务，并由此取消认识效力相对软弱的分析性认识。这是被综合方法这种认识方法的逻辑形式的认识系统性和完备性所决定的。首先，在综合方法的认识观念下，任何一个论断的真理性都必须在对相关事物全面论断的联系中来确立，换言之，综合方法得以成功展开和完成的前提条件是从普遍到特殊的必然决定关系即规律的全面构建。而这就要求综合原理的普遍性地位足够提升以使作为起点的普遍原理有充分解释存在的能力，同时也要求足够充分地推进对相关存在内容的认识扩展，以充分证明普遍原理及其推衍系统的存在有效性。按其本性，综合方法不允许有某种与自己所认识存在对象具有存在构成关系的存在内容置身于自己的认识系统之外，否则就不是合格的和有效的综合方法。其自然结果是，被分析方法设定为出发点即解释对象的特殊存在内容，必然处于综合方法的认识视野之内，而且具有更优越的认识的逻辑有效性，不是外在地、抽象地和主观地设定认识对象的普遍原理或条件，而是内在地、具体地和有充分根据地规定所触及的认识对象的存在本质。其次，任何为不同问题所引发而设置的以综合方法为认识活动形式的不同认识任务之间，在逻辑上都不容并存而保持分别进行的权利，相反，它们之间必然相互吸收而合并为单一的综合方法认识。因为，按照综合方法的可能性条件，相对于某种具有同一存在构成关系的存在内容，具有充当综合认识起点能力的普遍原理必然只有一个，那些显现出不同问题的存在内容的解释只能在同一综合认识的不同层次上提出，从而成为理论整体的部分内容。综上所述，在理论的正题建构环节中，某种以综合方法形式进行的认识活动不可能局部地穿插到分析方法框架中，反过来说，分析方法不具有对综合方法的包容能力。相反，综合方法在逻辑上必然吞没和废弃分析方法，虽然它在自己的展开过程中可能使用分析Ⅰ和分析Ⅱ。分析Ⅲ与综合方法之间的认识共存只能在理论内容的正题建构之外的领域来设想，即分析方法为综合方法指点合理的原始切入对象。

四　关于理性批判的综合方法的纲要

只有真正贯彻综合方法才能满足理性批判任务的内在逻辑要求。然而，综合方法又面临某些导致旧形而上学的陷阱，需要革新综合方法观念，并具体设计理性批判的起点。

在主观独断这一消极意义上，分析方法和综合方法都曾引诱哲学产生形而上学，康德针对哲学史中的形而上学的综合方法形式作出了简单的反应，摇摆式地提出哲学必须放弃综合方法而采用分析方法，[①] 但他本人的哲学活动也滋生出同样的形而上学。从方法论的角度来看，分析方法在其起点的存在确实性背后，在追问一般原理的道路上潜藏着不可避免的坏的形而上学归宿。对此，不但有康德哲学为证，而且后康德的现代分析哲学运动对形而上学的回归更有力地标示出分析方法的形而上学命运。而综合方法虽然在其认识结构内部能够保持认识的客观（逻辑）必然性和根据的充分连续性，不容主观独断的侵入，但其起点却容易接纳独断式形而上学的幽灵。两相比较，留给哲学以一丝科学认识可

---

① ［德］康德：《康德全集》第二卷，中国人民大学出版社2004年版，第290页。

能性的还是综合方法，但需要充分设想赋予综合方法以起点的可能方式并据此改良综合方法的整体性质。

如果把作为综合方法起点的普遍原理直接理解为关于认识对象或待解释存在现象的最高存在本质，并进而把综合方法所陈列的知识序列理解为认识的综合判断生成过程，那么综合方法的起点内容必然是直接决定综合关系内容的某种普遍关系，从而就必然被主观独断的形而上学处境所纠缠。因为，从综合方法的逻辑结构看，它具有封闭性和独立性。一方面，不容为设定的普遍原理再添加根据，否则即为在实质上推延和改换综合方法的起点。另一方面，所有其他关于认识对象的论断都具有衍生性，只能作为根据的派生物而不能反过来作为普遍原理的任何意义的根据。而从综合方法对起点的逻辑品格的要求看，它具有认识上的经验排斥性，即一切沾染经验的认识样式都不能作为获得普遍原理的手段，无论是归纳方法还是分析方法，都不能满足逻辑必然性要求。所以，这就在认识上使综合方法呈现出跳跃状态，即要求没有认识过程而径直获得一个事物的本质关系。但这在认识上具有悖论性，因为人类的认识指向本质关系，它应该在展开过程中获得其目标即本质，而不可能在获得本质后再去认识，申言之，已经不需要再去认识。另外，关系的主体是存在内容，而在综合方法中并没有给对存在内容的认识留下空间，因而作为起点的存在关系断言就必然成为非理性的或认识上凭空独断的。

然而，如果把综合方法所固有的逻辑结构理解为存在属性及其存在构成的制约关系，换言之，设想为容纳存在属性的逻辑空间，那么认识就可以由直接存在内容开始而无须独断普遍本质原理，并在综合的推进中具体规定存在原理。在这种认识体系中，逐步得到的是由存在属性的不断确认到它们之间的存在相容所要求的存在关系。其中，综合与存在的整体性相一致。同时，由于综合的效果是造成一种存在或者说存在的特定构成要素及其形式，这种综合只能针对一个存在的内在构成关系展开，换言之，它不能在分离的观点下指向不同的存在对象。如此，则综合方法便由存在结果的诠释转换为存在内容及其结构的逻辑规定。

　　在实施存在分析转换后的综合方法中，其起点的逻辑要求必然发生根本变化。一个存在物的最高普遍原理只能有一个，否则就违背存在关系的统一要求。与此不同，一个存在物的构成内容在综合方法中却一般地只要求有层次分别，而并无同一层次构成内容单一化的要求，因为正是它们体现或生成着统一的原理。也就是说，作为综合方法起点的存在内容或属性可以是多重的。

　　对于理性批判来说，综合方法在实现存在转向之后更加适合预定认识任务，因为所有机能或存在表现都是存在内容的结果，只有在直接揭示了存在之后，才能彻底地有根据地说明存在物的某种机能的产生机制，也才更符合批判认识的前提追问宗旨。

　　以揭示事物的存在构成为己任的综合方法形式下的认识活动，必须选择适当的存在物作为存在属性的分析入手点。这种存在物应该具有相对待解释存在现象的充要条件地位，是后者的存在构成的充分和必要根据。唯其如此，它所具有的存在属性才能提供必然和足够的解释能力，反过来，待解释现象的致成原因也必然包含在以占据充要条件地位的存在物及与它相联系的其他存在物中。因为，这些因果关联是通过事物的实质构成内容实现的，是事物内在存在关联的现象和结果。而综合方法所具有的从普遍概念开始走向具体化的存在原理的概念推演结构，按照普遍内容相对具体事物的根据地位，在本质上就是在追求事物的内在根据及其序列。所以存在根据的自然秩序——因果性的和类属性的——指点着综合方法所追求的内在普遍关联关系的线索，在被经验关联所包含的事物中包含着综合方法所追求的内在关联内容，并标示出综合方法的可能行进路线。在此，自然因果链条的分析追溯方法可以发挥辅助确认功能。在实际认识中，不当跨越合理的存在物而提高入手点，势必造成论域的不当扩大而增加实质上无关的认识对象，不但使认识复杂化，而且会因为冗余认识内容的干扰给认识带来偶然性。但是，如果不当降低

认识入手点，那么也必然因条件的欠缺造成解释力的不足而无法充分确定地论断认识对象，甚至导致认识的无法进行。对于理性批判来说，应该追溯其存在根源直至能够提供其充分必要决定根据的事物。

然而，表面上存在一个根本困难阻碍对综合方法入手点事物的合理确认，即世界的因果联系可以无限扩展，在经验存在中事物有着不可中断的存在牵连，这使得原因物的确认不是陷入无限追寻而不可能最终确定，就是在某一追溯环节上任意停顿。因此，只有对作为综合认识有意义的根据物做出限定，并给出相应的普遍形式标准以具体判定其合理追寻顶点，才能使综合方法获得现实贯彻的可能性。综合方法所指向的是对事物内在构成的认识，而非事物的自然因果根据。换言之，标志存在构成的是本质，而自然原因并不等于本质，即并不能直接转换为本质规定性，在自然原因与本质之间存在本体差异。因此，对于综合方法的根据物的追寻有意义的仅仅限于与待解释现象存在直接存在构成关系的事物，而与在自然因果链条上作为这直接关联物的原因物没有关系。质言之，是作为结果的直接关联物的存在内容提供理论解释，而作为更高原因物的存在内容并不实际参与解释的构建。因此，因果追寻的有效范围止于与待解释现象具有直接存在构成关系的存在物，在这一范围内的诸原因物中占据最高根据地位的事物应是综合方法的认识起点。可以称这一判定为原因的最切近法则，即在诸多原因物中，只有直接与待解释现象保持存在同一性的原因物才具有综合认识意义。而从原因到结果的存在内容转换上的偶然性和不可确定性，使得更远原因物的存在规定性对待解释现象发生理论解释上的断裂，即失去认识的根据效力。要言之，对于为综合方法做准备的关于认识着手物的追溯，被自然因果之间的存在分离造成的存在规定关系的间断所终止，成为在认识上具有边界的活动，而占据原因地位的存在在逻辑上应是相对待解释现象具有充要认识条件性质的事物。

康德理性批判所要揭示的先验规律应是精神所具有的本质规定性，

因而完全适合采用综合方法。而首要的问题是确定认识的起点。以因果追溯思路和终止追溯的形式标准为指导，可以具体确定作为认识入手点的存在物。认识活动具有复杂的自然因果归属链条，但作为直接现实表现的是特定的观念事实，而不论它们的内容有何差异，具体的或抽象的、内在的或外感的等，以及它们所表现出的活动有何不同，概念的或判断的或推理的，感性的或逻辑的等，它们都必须采取意识存在这一主观存在样式，意识是一切精神存在的直接表现和普遍前提。虽然在反思的理解中，意识存在是一种心理现象，是身体活动的结果，进而身体又与自然界发生广泛的因果生成联系，在更深远的思辨理解中，甚至出现诸如上帝这样的总根源，但是关于理性批判认识所作的因果追溯却仅应回溯到意识存在。因为，意识存在与身体存在具有异质性，身体存在并不直接参与意识存在的构成，而是呈现自然因果之间的存在分离形态。根据上述有关讨论，身体及其以上的原因物都由此成为与认识理性的活动无关的间接因果关联物，从而各种意识活动的一切可能规定性都只能直接出自意识存在的普遍存在规律。换言之，意识存在成为理性批判的认识中因果追溯的顶点或者说综合展开的入手点。

把意识存在作为理性批判的出发点，具有相对康德划分感性、知性和理性的认识安全性和逻辑提升性。一方面，感性、知性和理性充其量只是一种特殊的意识存在，而这种划分带有经验性，划分的合理性和完备性难以把握，三者之间是否具有可截然划分的存在内容以及三者之外是否还有其他认识形式，都不能必然确定。因此，由之出发所获得的理性批判知识是否健全难以论断。而意识存在具有对一切可能的认识活动样式的涵盖能力，同时又不必承受独断地划分的认识风险。另一方面，意识存在作为一切可能的认识形式的内在根据，具有统一规定各种认识形式及其相互联系的逻辑可能性，它给理性批判带来彻底批判性和系统性的认识前途。康德通过把知性和理性归结到逻辑，试图展开综合论证的做法具有反思上的不彻底性。逻辑表明了知性和理性的同根，但逻辑作为先天思维规律应该归结为其自身现实存在即意识存在的先天规律，即逻辑服从意识存在，逻辑仅仅表明以意识存在作为自己的直接现实的思维，不可能超越意识存在本身的规律，否则它就丧失其呈现的可能性。而当康德在范畴的先验演绎中感到这种根源追溯的不足，接着把逻辑归根于"我思"时，实际上又偏离了本真的理性的根据物，没有切中意识存在本身，而是选择了紧随意识存在经验并位列其侧的"自我"。在试图通过"意识是我的意识"这个关联环节来让"自我"赋予范畴和直观以客观联系的论证中，以及在对"谬误推理"的阐述中，显然"自我"被确认为认识的最高根源。其中，对思维主体性的哲学发挥即把"自我"的逻辑同一性看成一切意识统一根源的做法，正是以意识对"自我"的存在归属这一自然关联为根据的，而这是缺乏明晰的因果还原界限自觉的结果，即错误地超越合理追溯顶点即意识，过度追溯而把间接因果关联物——"自我"——作为本质揭示的根据。其消极认识效应为，即使在充分揭示"自我"的存在规律条件下，也不可能必然而充分地触及意识存在的内在构成规律或纯粹理性的内在本质，而在康德简单地接受"自我"存在的逻辑同一性为理性批判的总根据之后，"统觉"也仅仅剩下抽象的统一要求而全无具体形式的描述，本该出现的存在分析就蜕变为逻辑的抽象推论，于是相应的理论症候即论证上的残缺、偶然和空洞就昭然凸显。

按照革新后的综合方法理念并以意识存在为起点的理性批判，既可以使全部纯粹理性的建构贯通存在确实性，从而避免坏的形而上学，又可以获得彻底论证前途，即从意识存在出发内在地派生出全部纯粹理性的内容，而不像康德那样任由范畴成为不可追问其根源的神秘存在。同时，对纯粹理性的如此彻底的演绎以其逻辑严密性和认识完备性，其可能结果必然拥有对康德所制定的先验逻辑的核实、修正和过滤权利。

康德"想象力"概念的思想根源批判*

大约经历 2100 年的哲学史沉浮,想象力摆脱柏拉图线喻所施与的轻蔑而博得了康德哲学的青睐,由最易陷入虚妄而必须严加提防的主观错误渊薮,戏剧性地转换为先天认知要素的汇聚中心和认知主动性的具体执行者。然而,本文并不介入这种是是非非,而只是准备探索康德想象力概念背后的真实源流和本来面貌。

一 关于康德"想象力"概念的分析和确认

"综合纯为想象力之结果。"① 想象力在《纯粹理性批判》中的这种首度亮相就已经表明了自己的属性和地位,必然是理性批判的不可回避的对象,因为综合与知识同义,而理性批判的宗旨就在于揭示知识的先天根源。正因如此,只要有综合问题出现,康德就总是加以想象力的解决,想象力成为一种康德不可摆脱的心灵机能,无论是在主观演绎中,还是客观演绎中,无论是第一版,还是第二版,都必然或多或少,或这样或那样地引入想象力。

关于想象力,康德所给出的定义带有明显的经验描述心理学色彩,属于心理能力范畴。在第二版中,想象力被表述为:"想象力乃表现

---

* 该文发表于《天津社会科学》2010 年第 2 期。
① [德] 康德:《纯粹理性批判》,蓝公武译,商务印书馆 1960 年版,第 85 页。

'当时并未存在之对象'于直观之能力。"① 在第一版中，想象力被规定为知识的三种主观源流之一，其功能在于"联想"，使杂多内容联结而为一个知觉。② 比较两版的定义，只要还原"联想"的心理学意义，即主观自由地选择和支配个别表象内容而使它们聚集在一起，就可以发现这两种略有差别的表述背后的同一性。想象力是一种自由地造成主观表象的能力，自由为其活动属性，对象为感性形象。这并没有超出心理体验的常识范围。

但是，在对想象力的存在情状的进一步阐释中，其二元结构就远离常识而带上了浓厚的康德哲学框架的烙印。按照康德的说法，由于只有在直观之下才能给悟性概念提供直观内容，所以想象力属于感性；同时，由于想象力是自发性综合活动即具有自由属性，而这种自由被归结于主观的本源活动，以统觉的范畴为根据，换言之具有悟性因素，悟性范畴正是在想象力中先天地规定感官。显然，从康德范畴的先验演绎问题的起源看，想象力成为实现先验演绎的重要步骤，是感性和悟性之间联系的中介。然而，康德的这些观点虽然具有经验心理学层面上的"想象"现象的基础，但被先验批判的主题所决定，并不是直接以经验想象活动为内容，而是实施了"纯粹化"或"先验化"分析，即设置起经验想象的先验条件，以直观形式和悟性范畴之间的作用作为经验想象的先天发生根据，被采纳的是"产生的想象力"而非"再生的想象力"。可以把这一过程看作康德为想象力赋予内容规定性的努力，但正是在这种把一个心理官能概念转化为知识范畴下的逻辑要素的过程中，显现了与论证目的背反的结果，即想象力的逻辑空洞性。在先验的想象力中，没有自己独立的内容贡献，只是直观与悟性之间抽象的作用形式，因而说到底其"中介"作用具有相对理性的"神秘性"，即难以理解想象力凭借自

---

① [德] 康德：《纯粹理性批判》，蓝公武译，商务印书馆1960年版，第111页。
② [德] 康德：《纯粹理性批判》，蓝公武译，商务印书馆1960年版，第133页。

己的何种存在内容建立中介能力。由此，与感性、悟性（统觉）相比，想象力作为认识的主观源流的一种与其他两种是不对称或不对等的，即感性具有自己的直观形式，悟性具有自己的范畴，而想象力却一无所有。继而，想象力自身的性质难以具有自己的存在确定性：是感性直观与悟性范畴的派生物，还是一种作为"空旷场地"的独立官能，还是具有预定和谐意义的先天中介要素？有鉴于此，关于想象力的性质需要参照其具体的功能或结果来确定。

在《纯粹理性批判》中，康德提到了想象力的两种运用。一种是出现在悟性对感性知觉的组织中，另一种出现在先天知性范畴对先天直观形式的作用中。前者属于概念分析论部分，服务于先验演绎，后者属于原理分析论部分，意在说明范畴如何对感性直观发生作用。可以说，前者直接涉及直观内容的把握问题，而后者则间接指向普遍的纯粹形式层面。

关于先验演绎中的想象力，康德两版演绎有不同的表述。在第一版先验演绎中，主观演绎所提及的想象力的作用是"再生的综合"，而客观演绎则是"产生的综合"。按照康德的观点，"仅想象力之产生的综合，始能先天的发生"①，是先验的。我们自然可以推断，在逻辑上它应该是经验性的"再生的综合"的可能条件，没有产生的综合也就自然不会有再生的综合，后者是在前者基础上添加具体经验条件的结果，依赖联想律。② 因为"想象力所有综合之先验的统一，乃一切可能的知识之纯粹方式"③。由于康德在先验演绎中仅关注范畴的"权利"问题，只需在逻辑上说明范畴对感性直观发生作用的必要性，所以先验性的"产生的想象力"与经验性的"再生的想象力"之间的具体存在和生成关系并非研究主题，再加联想律所决定的内容特殊性并不关涉想象力的本质，

---

① ［德］康德：《纯粹理性批判》，蓝公武译，商务印书馆1960年版，第132页。
② ［德］康德：《纯粹理性批判》，蓝公武译，商务印书馆1960年版，第111、123页。
③ ［德］康德：《纯粹理性批判》，蓝公武译，商务印书馆1960年版，第132页。

所以关于这两种想象力可以采取一种抽象的观点,其实质都落在综合的要求和预定形式上。但对其结果康德并没有被明确指出,在先验层面上仅为抽象的"综合统一",而在认识效果上仅为只有心理学意义而无逻辑意义的"感知"。

第二版先验演绎对想象力的规定在实质上并无重大进步,但在表述上却有所明确。它把主观演绎中对"直观中感知之综合"与想象力的间接关系的如下暗示,即"感知之综合与再生之综合实为固结而不可分者"①,直接以"形象的综合"名义转变成了想象力的结果,亦即划归想象力的范畴之下,从而也更加明确了第一版客观演绎中所简略断言的想象力与感知的关系,即"当想象力之活动直接及于知觉时,我名之为感知"②。而这按照先验的想象力的本质应该是当然之义。但仍令人感到不足的是,对于"形象的综合"康德并未进一步明确其认识形态。综合康德的有关表述,可以断定,所谓形象的综合就是关于事物表象的概念的形成。对于直观,康德说:"内感仅包含直观之纯然方式,其中之杂多并无联结,故不包含确定的直观,此确定的直观仅由我所名为形象的综合者想象力之先验的作用(悟性对于内感之综合作用)而生'杂多之规定'之意识而可能者也。"③"直观之方式仅授与杂多,而方式的直观则授与表象之统一。"④ 因此,这种确定的直观的确定性来源于表象内容之间的智性统一,带有认知成分。至于这种认知的形态,可以根据想象力的作用性质加以分析和确定。康德对想象力的设置意在使范畴的作用间接化、外在化,仅仅逻辑地抽象说明知觉综合的根据,而使综合成为在纯粹直观内容间进行的存在整合活动。在康德看来,"自发性之悟性,能依据统觉之综合统一,由所与表象之杂多以规定内感,因而思维先天的

---

① [德] 康德:《纯粹理性批判》,蓝公武译,商务印书馆1960年版,第124页。
② [德] 康德:《纯粹理性批判》,蓝公武译,商务印书馆1960年版,第133页。
③ [德] 康德:《纯粹理性批判》,蓝公武译,商务印书馆1960年版,第112页。
④ [德] 康德:《纯粹理性批判》,蓝公武译,商务印书馆1960年版,第116页。

感性直观之杂多所有'统觉之综合统一'",① 其结果即形象的综合，是想象力之先验的综合。因此，在知觉中，范畴并未直接参与其中而成为其中的构成内容，而仅仅是作为统觉的一种抽象要求的结果，既然知觉为范畴对内感的间接规定的结果，那么知觉的统一就是直观内容之间的内部和直接的统一或组织，其统一是存在的统一或者说整体化而非可分离内容在反思中的逻辑的统一，因而必然由特定实质内容实现这种统一。就知识形态而言，表象的当下存在所表现出来的这种直接的内部统一，应该就是概念统一即通过概念实现的统一。申言之，绝不越出表象内容之外而仅仅由它们作为构成内容所建立的表象的认知的统一只能采取概念形式，比如"马"。"直观中感知之综合"的这种概念统一本质，正是康德在第一版主观演绎中所谓"概念中认知之综合"的基础。或者反过来说，后者间接证明了关于前者具有概念统一性这一分析和论断的正确性。作为不同主观事件的综合表象之间的同一性确认，只能通过它们之间的概念同一性即普遍存在构成内容和方式来实现，否则就不可设想康德所要求的数的表象的统一。康德说："盖数之概念，实不过综合所有统一之意识而已。""此'概念'一名辞，其自身即提示此种意义。"② 由此也可以断言，"直观中感知之综合"与"概念中认知之综合"都与想象力有关，是它的活动结果，只是主观演绎的表述方式没有直接指明这种关系，而通过第二版客观演绎则被直接表述出来。所以，主观演绎中所提及的三种综合都与想象力直接相关，是想象力的活动结果。

需要深入分析和指明的是，由于康德在第二版演绎中竭力避免涉及主观心理过程及其样式而努力从认识结果方面着眼，所以只需一般地说明"综合"的先验机制而无须个别论述不同综合样式。在此条件下，"形象的综合"就成为主观演绎中三种综合的概括并具有相对先验演绎

---

① ［德］康德：《纯粹理性批判》，蓝公武译，商务印书馆1960年版，第110页。
② ［德］康德：《纯粹理性批判》，蓝公武译，商务印书馆1960年版，第124页。

的有效性。康德对三种综合作了如下表述："感官在知觉中，想象力在联想（及再生）中，统觉在再生表象与现象（再生表象所由以授与吾人者）二者同一之经验的意识中，即认知中，经验的表现现象。"① 从中可以看出，三种综合是依据综合内容的扩大形态及其心理样式而划分的，其中，最高的综合发展就是"对象"概念。而康德断言一切综合都是想象力的结果，都是想象力之先验的综合。因此，三种综合必然采取相同的形式，概念只是感知综合的充分发展而对其本质的直接显露，它们也自然可以名以"形象的综合"来加以一般地讨论。

在关于对象内容的综合中所显现的想象力，其实质是对于杂多内容的合目的组织活动，先验的想象力而非经验的想象力才是本质所在。这种先验的想象力活动与所涉及内容的存在来源样式无关，其所谓想象不在于自由地把并非当前的内容主观自由地显示出来，而在于按照悟性的要求主动地组织杂多内容。只有这样，才能理解何以康德否定再生的想象力的先验批判功能。可以说，悟性与什么时相中的内容——当前的、过去的——出现在意识中并无关系，或者说并不能对此作出解释，这已经超出知识学范围而落入心理学范畴，即何以并非当前的内容能够显现是一个身体机能问题。想象力在其先验的使用意义中仅仅是隐喻性的概念，它抽象地借用了人们所熟悉的经验性的"再生的想象力"所具有的主观自由性和主体组织机能，来说明发生在具有不同根源、目的和任务的另一种认识活动中的类似情形。而由于先验的想象力的根据是统觉，所以其结果也必然带有统觉作用的一切效能，从而是一种客观的统一，给出表象的"是什么"。这种存在的确定性应该就是表象的综合及其效果本身，直接造成概念式的认知。

想象力的第二种应用出现在图型说中，作为范畴与现象之间的作用中介。康德说："图型自身常为想象力之所产。但因想象力之综合，其目

---

① ［德］康德：《纯粹理性批判》，蓝公武译，商务印书馆1960年版，第130页。

的不在特殊之直观，而仅在感性规定中之统一，故图型应与心象有别。今如逐一设立五点，如·····形，则我得有五数之心象。但我若仅思维普泛所谓数目，不问其为五为百，则此种思维，实乃'一数量（例如千）依据某一概念在心象中表现'之方法之表象，非即心象自身。"①康德把图型看作感性概念②而非具体知觉，断言"为吾人纯粹感性概念之基础者，实图型而非心象。……经验之对象，或对象之心象，从不与经验的概念相适合；盖经验的概念常依据某某特定之普遍概念，与想象力之图型（此为直观所有规定之规律）有直接之关系。犬之概念，即指示一种规律，我之想象力依据之即能普泛描画一四足兽之形态，而不限于经验实际所呈现或'我所能具体的表现之任何可能的心象'实际所呈现之任何个别特定形态。"③从康德的表述可以看出，想象力所产生的图型其实就是以先天直观形式"时间"为对象的纯粹概念。在通过上面的分析而确认想象力所及之一切综合——甚至包括感知之综合——都具有概念形态后，所谓感性概念就不再令人感到悖谬。图型应该是感知综合的基础，后者涉及具体内容。但两者均为概念，一个为具体概念，一个是纯粹的抽象概念。图型是康德为悟性范畴与感性直观之间的作用所设置的中介，同想象力具有相同的设置目的，但仅仅是想象力的一个特殊作用结果，而非想象力本身的内在规定。图型也就是范畴在"时间"这一对象中的普遍形式，即内感经验的相应概念。

　　从上述分析可以断定，想象力是康德根据想象的心理经验所推设的特定概念的生成活动，并且这种概念直接决定于概念形成中具有实在意义的参与者，或为直观内容，或为纯粹直观形式，存在的具体变动性是想象力的作用结果固有的，所以不能从中发现能够让渡给想象力的普遍内容。质言之，就康德依托逻辑学来阐述他的先验批判的既定思路而言，

----

① ［德］康德：《纯粹理性批判》，蓝公武译，商务印书馆1960年版，第144页。
② ［德］康德：《纯粹理性批判》，蓝公武译，商务印书馆1960年版，第144页。
③ ［德］康德：《纯粹理性批判》，蓝公武译，商务印书馆1960年版，第144页。

在逻辑学的康德时代水平乃至当前水平条件下，想象力即使在自己的结果中也最终不能分享到某种存在规定性而充实自己的存在，因为关于概念，形式逻辑还没有给出其内在构成形式。之所以想象力概念给康德哲学带来莫大模糊和难解，其原因就在于他没有清楚界定和说明与想象力相关联的认识结果的知识内涵和性质，比如感知、知觉、概念、形象的综合等，甚至想象力所涉及的认识种类都没有明确指出。其自然后果为，必然造成人们望文生义式的自由理解行为，在熟悉而亲切的经验的曦光诱导下把想象力看成经验心理学范畴中的具体心理行为，难以察觉它的纯粹逻辑规律本质。在康德那里，想象力还仅仅是他所拟制的使异质的感性悟性之间发生作用的空洞的中介，或者说是统觉使用范畴于感性直观之上所产生的副现象性的主观活动（方式）。因此，想象力的真实设置理由和认识地位，必须在康德的明言表白之外辅以概念线索予以确认。

二 想象力在先验逻辑论题中的非法地位

建立理性法庭"以保证理性之合法主张而消除一切无根据之僭妄主张"①，是《纯粹理性批判》的任务。在此，所要防止的错误并不是具体认识中的偶然错误，而是被理性的某种运用形式所决定的必然发生的逻辑错误或者说逻辑矛盾。具体说，这种有待实施理性批判而加以消除的错误是"某种隐藏之误谬"，发生于理性作超验使用之时，即出现在形而上学领域。②因此，所谓批判"乃指就理性离一切经验所努力寻求之一切知识，以批判普泛所谓理性之能力而言"③。相应地，问题的焦点在于先天知识如何可能及其界限，解决的方法无疑在于"分析吾人关于对象所已有之概念"，获得纯粹知识或纯粹理性要素，并发现它们的作用原

---

① [德]康德：《纯粹理性批判》，蓝公武译，商务印书馆1960年版，第2—3页。
② [德]康德：《纯粹理性批判》，蓝公武译，商务印书馆1960年版，第1页。
③ [德]康德：《纯粹理性批判》，蓝公武译，商务印书馆1960年版，第3页。

理和规范。① 这种工作仅仅作为"纯粹理性体系之预备学问"而"审查纯粹理性之源流及限界",无须过问其具体运用。因为,不仅如康德所言这种具体运用存在很多难以确定的因素,而且,更为重要的是,在逻辑上,普遍的要素和原理具有完全充分的划界和性质规定能力,一切内容的扩展都限定在普遍条件之内,因而直接决定"如何可能及其界限"这一问题的解答。② 因此,作为先验哲学的一部分,《纯粹理性批判》具有自己的客观范围,"仅以在其全范围中,因欲了解吾人所唯一须要论究之先天的综合原理所必须者为限"③。因而,完备地描述纯粹理性官能的各种构成要素并确定它们之间的合法逻辑关系,就是纯粹理性的批判目标所在。具体来说,应该以先天知识的构成以及它们在知识形成中的逻辑地位为批判宗旨,"其目的不在扩大知识而在校正知识中,以及对于一切先天的知识提供一检验其有无价值之标准"④。质言之,批判并不应涉及先天知识的经验运用问题,只有那些对先天知识的确认和功能的限定有贡献者,才能合法地作为批判领域的一个独立存在。

先验逻辑即先天知识的起源、范围及客观的效力问题是理性批判的内容。根据这一限定和前面对想象力的分析,则立即显现出想象力这一理论设置的冗余性。想象力被设想为感性与悟性的"中介",但却没有自己的先天规定内容并以此内容特定地揭示感性和悟性相联结的规律。在这种情况下,二者之间的联结也只能是它们各自的先天构成要素之间的纯粹逻辑作用效果,也就是说想象力毫无先验逻辑效用。因此,想象力,即使像康德那样把它限定为先验想象力,也仅仅是一个范畴对感性直观的抽象的组织过程的概念,本身并无逻辑属性。在关于先验逻辑的阐释中,完全可以不借助想象力而直接逻辑地考虑范畴和直观内容的关

---

① [德] 康德:《纯粹理性批判》,蓝公武译,商务印书馆1960年版,第32页。
② [德] 康德:《纯粹理性批判》,蓝公武译,商务印书馆1960年版,第41—42页。
③ [德] 康德:《纯粹理性批判》,蓝公武译,商务印书馆1960年版,第42页。
④ [德] 康德:《纯粹理性批判》,蓝公武译,商务印书馆1960年版,第42页。

系表现。因此，想象力的设置超越了知识结构的分析领域而跨入了知识背后的认识心理过程的另类论题范围。想象力是一个作用过程的拟设性概念。如果想象力没有自己的特定先天知识内容，那么它就不能为范畴对直观的作用及其合法界限作出规定，也不能说明其实现过程，因而作为实体性的"中介"就是可以取消的无存在意义的设定。

即使把概念的形成与想象力联系起来，也仍然不能显示想象力对先验逻辑有所贡献。因为，在康德的论述中，并没有在概念中发现有异于感性直观和悟性范畴的普遍内容，概念仅仅是被悟性和感性两种源流决定的，是悟性范畴在感性直观中的特定显现方式。特别对于"图型"来说，更无须介入想象力加以先验知识的阐释，因为如果综合的必然性已被先验演绎所确定，就已经满足先验批判的论证要求，同时也无须赋予图型以"第三者"属性，而仅仅把它看成一种感性直观与悟性范畴的相互作用结果，它本身就已经是范畴对感性直观的逻辑作用，而不是使这种作用成为可能的条件。换言之，图型所提供的是普遍的或先验的概念，设定了直观符合范畴的条件，具有认识大前提属性，只待具体经验内容按照自己的存在情形对其中条件的符合性而归摄于其下。但这属于经验认识范畴，其活动只有在涉及直观内容时才发生，因此先验逻辑根本无须问及。正如康德所言："种种不同表象，由分析而摄置于一概念之下——此为普泛逻辑中所处理之程序。反之，先验逻辑之所教示者，非如何以表象加之于概念，乃如何以表象之纯粹综合加之于概念。"[①] 因此，虽然图型是一种先验概念，但它并不需要想象力的介入来说明。总之，想象力对于说明和确定图型的特定内涵并无积极贡献，只是在抽象或者说模糊地指示其认知行为过程。在先验演绎已说明作用必然性的条件下，只需逻辑地说明其结果即可而无须设想其过程。作为抽象综合能力的想象力对先验逻辑是一个不必要的设置。

---

① ［德］康德：《纯粹理性批判》，蓝公武译，商务印书馆1960年版，第86页。

在被剥夺了对认知的逻辑贡献后,想象力只能是一种纯粹的心理行为概念,先验的也好,经验的也罢,都不例外,并不能为先验逻辑有所增益,既不能添加内容,也不能使与其相关的内容得到更大的论证力量。

图型是先验判断力的普遍使用条件,① 这包含两层意义。第一,范畴可以一般地规定感性,即规定图型中所包含的纯粹感性内容,从而形成诸先天判断,如康德所列悟性原理。第二,通过图型,范畴在具体的经验直观内容中发现合乎范畴者,这是范畴的经验运用而不属于先验逻辑范围。

由于想象力无特定内容,所以它并未在范畴与直观形式之间架起使二者之间的作用关系能够得到合理说明的桥梁,亦即并没有使从范畴和直观形式到图型的特定内容的过渡具有逻辑根据,所以图型具有独断性。而独断的图型也就不能反过来揭示或赋予想象力以特定的普遍活动规律。而独断的图型虽然被强行赋予了先验逻辑成分的地位,但其真实性仍然是可疑的。因此,与之连带的想象力也就更缺乏先验逻辑内容的属性。

三 在先验逻辑探究中的普通逻辑学阴影与概念式综合的楔入

既然想象力对于先验逻辑无所补益,那么为什么康德会如此依赖它而无论在第一版主观演绎中,还是在第二版客观演绎中都要引入想象力,就是一个必须慎思的问题。首要的待解问题就是为什么概念式综合会出现在关于理性的先验批判中,因为想象力就是为诠释它们的构成而设立的。

囊括了感知之综合、再生之综合和概念中认知之综合的"形象的综合",是康德想象力学说的重要设立根据或缘由。这种"形象的综合"并不出现在范畴的"客观有效性"证明中,即与一般的证明范畴是感性直观内容成为意识的先天条件这个问题无关,而是出现在范畴的"客观

---

① [德]康德:《纯粹理性批判》,蓝公武译,商务印书馆1960年版,第148页。

· 75 ·

实在性"证明中。所谓范畴的客观实在性也就是范畴对经验知识的成就。在此，康德严格区别了直观综合与悟性综合，把后者看成判断的综合，而前者即"形象的综合"考虑的是"经验的直观之杂多所由以授与之形相"，① 也就是范畴对直观内容的综合作用以使之成为表象而提升为意识的功能，范畴的经验知识功能以此为前提。它"必须先于悟性综合，且与悟性无关"②。质言之，康德把形象的综合看成形成经验的知识即判断的材料，是通向经验知识的思维道路的第一步。显然，在这种论断中包含着普通逻辑学关于知识形式和构成的一般观念，即在形式逻辑看来，判断以概念为前提，是对普遍概念属性的连接，仅仅指向概念式内容，而并不能直接以杂多和绝对个别性的特殊内容为对象。反过来说，正是普通逻辑学中流行的知识构成观念否定了范畴的客观有效性证明相对先验演绎的充足性，设立起添补范畴的客观实在性证明环节的必要性。这就是说，感性直观内容必须先综合而成为一种客观必然的存在，亦即在主观中获得内容间的普遍存在关联结构，才能作为悟性判断活动的对象。而这种存在综合有别于判断形式所显示的那种逻辑综合，不能直接还原为范畴的注入和作用。首先，指向特殊感性直观内容的综合涉及特定内容间的共在性统一问题，其中的综合具有普通逻辑学由"概念"所表达的统一情形。康德按照普通逻辑学的观念认定"概念"表现了差异内容间的统一存在的关联方式："一切知识皆须概念（此概念即极不完备或极晦昧）。但就概念之方式而言，概念常被用作规律之普遍的某某事物。例如物体概念乃由此概念所思维之杂多之统一，用为在吾人所有外的现象之知识中之规律。但概念之能成为直观之规律，仅限于其在任何所与现象中表现其所有杂多之必然的再生，因而表现在吾人所有'现象之意识'中之综合的统一。"③ 但这种综合有别于判断联结形式，虽然包含统

---

① ［德］康德：《纯粹理性批判》，蓝公武译，商务印书馆1960年版，第107页。
② ［德］康德：《纯粹理性批判》，蓝公武译，商务印书馆1960年版，第107页。
③ ［德］康德：《纯粹理性批判》，蓝公武译，商务印书馆1960年版，第125页。

觉的先天要素的作用，但并不能必然地作出。对此康德有所觉察："但纯粹悟性除包含于普泛所谓自然中（即包含在空间时间中所有一切现象与法则之合法性中）之先天的法则以外，不能由范畴对于现象规定任何先天的法则。特殊的法则乃与经验的所规定之现象有关，虽皆从属范畴，但就其特殊性质而言，不能自范畴引来。"① 质言之，想象力所造成的综合都涉及特殊内容而具有创造性，因此不能适用分析的逻辑学的规律。

进一步，普通逻辑学的状况无疑给康德借用它以阐释先验逻辑的策略带来困难。至少，普通逻辑学并未提供用范畴解释概念性的"形象的综合"的根据，因为在普通逻辑学中，概念与判断不同，而且不能解释为判断。同时，通过康德关于两种逻辑内容的平行列举，可以隐约发现这种困难及其根源的深重性。按照康德的说法，普通逻辑把知识能力划分为悟性、判断力和理性，与此相对应而有认识的三种逻辑形式即概念、判断和推理。康德正是在遵循一般认知能力的划分而设立概念分析论、原理分析论和辩证论。但是，在探究悟性范畴时，康德却没有从普通逻辑学的概念理论入手，而是超前性地使用了判断形式。由此造成两种逻辑序列间对应上的错位，必然使得某种先验逻辑要素丧失普通逻辑知识的支持，不得已而寻求其他非逻辑性的说明根据。

关于"形象的综合"的想象力问题提出的关键在于，一方面，范畴是康德在判断的逻辑形式中提取的，其效力仅在于客观地联结给定概念内容，而没有直接涉及概念的内在形成。另一方面，关于概念的普通逻辑学发展并不充分，没有剖析得到它的内在构成规律，一直没有超越亚里士多德的溃退士兵的停步比喻水平。因此，康德既不能简单地用范畴解释具有概念综合效果的"形象的综合"，也不能独立提供关于它们的普遍逻辑内容，于是姑且在同一的统一源泉思路下提出间接作用设想，即用想象力这一具有范畴对内感形式的干涉属性的心理行为来解释"形

---

① ［德］康德：《纯粹理性批判》，蓝公武译，商务印书馆1960年版，第118页。

象的综合"的机制。可以说，康德是被普通逻辑学的知识观所逼而被迫接受"想象力"的，其设定具有逻辑不可靠性——逻辑上的充分条件而非必要条件——和形而上学独断性。

在范畴运用的图型说中，进一步暴露出范畴的概念综合形成作用的上述可疑性或者说困难。从康德所给出的"图型"的设置必要性说明中可以发现，范畴对于感性直观的综合作用并不是能力自足的，即"形象的综合"也必然要通过图型环节。但图型本身的设置是一种思辨的逻辑设想的结果，而且其中的各种图型的内容也并无严格的根据，带有浓重的形而上学独断色彩。在关于范畴向感性直观的适用原理考察中，普通逻辑学所确定的逻辑思维方式直接支配着康德，理性推理认识的中介规则成为他设想范畴与感性直观之间作用的模式。在其中，范畴占据普遍地位，而感性直观是有待加以普遍规定的对象，所以在逻辑上必须通过中介实现互相之间的作用。而二者恰恰又是互相绝对异质的，所以就必须另行设置能够把它们联系起来的中介即康德所谓的先验图型。然而，图型的先验想象力产生论立即进一步削弱了这种设置的必然性。因为，本来，虽然图型使范畴对感性直观的作用成为认识上可理性地理解的，但它仅仅是弥合悟性与感性之间裂隙的充分条件而不能确认其必要条件地位，要做出充要条件这种强判定，还需要一个补充设定，即断言悟性与感性之间的作用过程本身完全是一种逻辑思维事件，而绝非具有某种偶然性的（主观）存在创造事件。但在图型的生成中浮出的想象力却恰恰说明有不同于逻辑思维的另类认知活动存在，因而撤销了给出上述补充设定的可能性。

综上所述，形象的综合以及图型这两个导致想象力学说的概念，都具有潜在的普通逻辑学观念的根源，即试图用普通逻辑学规律构建先验逻辑，是超越纯粹知识论观点而涉及认知过程并对这一存在问题加以逻辑学考虑的结果，而这具有极大的逻辑不可靠性和形而上学冒险性。

四 "想象力"概念纠缠康德的深层方法论根源

由于想象力缺乏实在的逻辑内容，同时又具有浓厚的经验心理学意义，从而僭越知识的逻辑考察的有效范围，所以一直是康德所面对的最大批评之一。但为什么想象力却顽固地占据康德的视野，不能根本放弃和切割？深入的分析将显示，其症结在于康德的方法论信念，或者说某种元哲学思想环境无形地注定了康德的思想轨迹。

尾随概念性综合，想象力得以进入理性的先验批判语境，其机缘完全由概念性综合本身不能得到纯粹逻辑说明所赐予。这种理论困难的出现与康德关于综合的逻辑机制的普遍断言相矛盾。因此，必须反思和批判地审查康德关于综合的学说。康德把思维由其自发性以某种方法省察感性杂多并"容受之而联结之"的作用称为综合，即"联结种种不同表象而将其中所有杂多包括于一知识活动中之作用"[①]。康德根据一般认识论所确认的认识形态，在把认识划分为直观与概念两种形式后，断言悟性为产生概念知识的能力。他根据普通逻辑学的理论认为它提供概念以造成综合。康德说："概念则依赖机能。至我之所谓'机能'，乃指归摄种种表象于一共通表象下之统一作用而言。……至悟性所能使用此类概念之唯一途径，则为由此类概念而行其判断。"[②] 由于紧接而至的对概念的解释使得概念既包含直观表象，也包含本身即为某种概念的表象，所以至此，康德依然保持着关于悟性之思维形式的平衡，即把概念和判断均包含在悟性综合的范围之内。但是，当康德"将悟性之一切作用归之判断"而仅视悟性为判断能力时，就遗漏了概念这种直接与对象相关的表象综合，[③] 也偏离了普通逻辑学的知识观念，因为在其中概念也是一种具有综合功能的认识。也就是说，在"悟性的逻辑运用"考察中，他

---

① [德] 康德：《纯粹理性批判》，蓝公武译，商务印书馆1960年版，第85页。
② [德] 康德：《纯粹理性批判》，蓝公武译，商务印书馆1960年版，第80页。
③ [德] 康德：《纯粹理性批判》，蓝公武译，商务印书馆1960年版，第81页。

不恰当地把判断形式确认为综合的唯一逻辑形式。判断造成某种综合，但没有根据可以断定综合仅仅包括判断这种关联形式。可以断言，概念乃至推理都包含综合现象，① 属于综合范畴。就一般的综合而论，在逻辑上，判断是综合的充分条件而非必要条件，即有判断当然会有综合，但无判断也会有另外某种综合出现。因此，在把悟性综合归因于判断时，康德至少在逻辑上犯了匆忙独断的错误，把概念性综合排斥于外，从而在无法说明概念性综合的判断性结构或者说不能把概念性给定还原为判断综合形式的条件下，必然漏失关于概念综合的逻辑解释资源。

　　在把悟性机能全部归结于判断这一重大决断环节上，存在一个巨大逻辑漏洞或逻辑根据的断裂。在确认悟性为概念知识能力之后，康德应该而且必须补充关于判断由处于判断所联结内容之外的某种概念来促成的论证。只有在此条件下，悟性综合才能归因于概念，也才能进一步断定悟性具有自己的先天或原始概念即范畴，判断也才能合理地成为其表现。但在普通逻辑学中，概念虽是判断的基础，逻辑思维表现为概念思维，然而概念仅仅是判断的构成材料，并没有赋予概念以形成不包含自己内容在内的判断的地位，换言之，关于判断，并没有判断的形成以判断之外的第三概念为前提并被其所直接造成这种普遍原理。因此，在康德依据普通逻辑学把悟性确立为概念认知能力之后，并不能断言它就必然包含先天概念。另外，他也不能依之断定判断就直接是悟性的全部作为，因为显然即使悟性包含某种先天概念，判断所需要的具体概念也只能由作为概念思维官能的悟性自己来形成，而这种具体概念作为判断材料在逻辑上至少最终不能起源于判断，或者说不能还原于判断。所以，康德在先验逻辑语境中仿照普通逻辑学确认悟性为概念知识能力之后，把判断认定为悟性的全部机能表现以及后来赋予范畴以推动和形成综合

----

　　① 康德把一切理论的学问尤其是具有思辨推理性的形而上学的可能性都归结为"先验综合判断如何可能"的做法间接说明这一点。参阅［德］康德《纯粹理性批判》，蓝公武译，商务印书馆1960年版，第35、38页。

的能力，都是非法的。

　　完备和严密是康德哲学思维的一贯追求，那么，何以如此粗疏地处理综合的来源问题？其根本原因在于，康德急于为范畴表找到某种综合方法的表述形式，需要一个统一的概念知识原理作为起点，即他所谓"先验哲学在探求其概念时，具有'依据一单一原理以进行之利便及义务'"①。而在哲学方法上的分析信念最终推动康德在总体上按照分析方法的原则建立理性批判框架，即从对"事实"的确认并沿着"果—因"致成方向来寻找相应的原因和条件。但在这种分析方法中，按其逻辑本性就不能完备地发现"事实"的根据和本质，而只能在现实因果关联中确定其存在条件。也就是说，在方法论上，康德将综合完全归因于判断形式这一认识步骤受到了合法性辩护。在分析方法的思想前提下，要建立关于综合的统一源流，就只能在可确认的综合的事实表现中来选择，而恰好普通逻辑学明确提供了关于对象知识的综合的判断形式，并且以其历史悠久和稳定博得了康德对它的事实性的确信。

　　更为根本的是，分析方法给理性批判从流俗认识论所确认的三种认识官能的区分即感性、悟性和理性出发，并把它们采用为某种事实提供了理论语境根据，使之显得自然而合理。但在分割了感性和悟性的存在和机能后，同时关联感性直观内容与悟性机能的概念性综合就失去了实现内在关联的可能性，必然要外借某种"第三者"即想象力加以机械联结。而值得注意的是，虽然想象力具有经验心理学的实在性，但由于一来被康德所本真指谓的先验想象力与经验想象力截然不同，二来想象力在康德哲学中并非逻辑地分析而得，相反具有形而上学设立性，是按照某种目的穿插的心理行为或官能，所以并没有先验逻辑的合法地位和存在确实性。尽管如此，分析方法对认知官能的事实性分割的保护，再加普通逻辑中理性思维规范即"中项"要求的介入，就使得想象力的设立

---

　　① ［德］康德：《纯粹理性批判》，蓝公武译，商务印书馆1960年版，第79—80页。

不可避免。质言之，方法论观念作为规定认识形式和方向的轨道，具有自然的话语强制力量和话语的自我确认机制，从而生成某种逻辑圈套作用，使一切理论构建合法化，消解关于其中思想环节的反思意识。因为，方法论直接关联着真理观，在认识论上占有获得真理的途径地位，合乎方法就是认识的真理有效性的逻辑保证和标志，赋予相应认识以当然的真理属性。

康德为科学形而上学奠基的卑微效用*

围绕形而上学发生的后康德争论,显然戳穿了康德宣称的"纯粹理性法庭",表明它并没有根本澄清和完备揭示形而上学的有效认识道路,是一个法规不健全甚至没有真正有效的法律的空壳法庭,无以彻底规范和建构形而上学。因此,有必要认真审视作为《纯粹理性批判》成果的先验逻辑的设立程序及其认识指导力量。

一 "如何可能"的两种解答方式与康德论证的实际效果

将"形而上学如何可能"问题一般地归结于先天综合判断的存在这种做法已经表明,康德仅仅准备抽象地为形而上学作一般知识性辩护,并未关注形而上学的特殊认识形式,因为先天综合判断仅仅是知识的一般存在条件,在其中包含着数学、科学、形而上学等,而至少在涉及特殊经验内容的范围内,仅凭先天综合判断的根据并不能辨别科学和形而上学。除非在关于先天综合判断何以可能的根据中包含能够发展出知识分化谱系的充分内容,否则停步于先天综合判断本身何以可能层次上的考察,就绝不能直接达到确定形而上学思维怎样正确实现的目标。换言之,使先天综合判断可能的条件对于形而上学仅仅是弱条件,或必要条件,而非充分条件,无之不可,有之未必可。只有在关于"先天综合判

---

* 该文发表于《江汉论坛》2010 年第 1 期。

断如何可能"所确认的根据（群）可以发展出形而上学概念并直接确定其强条件即充分条件的情况下，才能真正揭示和成就形而上学。因此，对"如何可能"的根据的揭示方式及其所达到的水平，直接决定康德为科学形而上学奠基努力的真实效能。

为了回答"先天综合判断如何可能"的问题，康德采取了追问理性认识能力的手段，更具体地说，就是试图发现纯粹理性并揭示其内在构成要素之间的认识作用。通过先天直观形式、先验范畴、先验理念的形而上学演绎和先验演绎，康德认为自己对问题作出了肯定回答。但在对综合活动的论证中被迫引入想象力概念说明，他的先验逻辑内容相对论证主题带有不充分性。因此，其先验论证的性质和效力有待系统审查。

依据知识的普遍必然属性和经验必然带有偶然性这一区分，康德把知识的可能性转换为对认知主体的先天知识的诉求，因而在其所接受的流俗认识论框架内，寻找感性、悟性和理性所包含的先天内容，即首先把认识能力或认识过程区分为感性接受、（思维中的）主动综合和逻辑推理，然后分别从它们各自的认识表现出发推求先天要素。正是这种属于分析方法范畴的由果溯因的认识展开结构，决定先验逻辑分析出现形而上学演绎和先验演绎的分离，并最终决定它们的逻辑不充分性和认识上的消极抽象性。具体说，感性直观形式、悟性范畴、理性理念的形而上学演绎，是在感性经验、悟性功能、理性推理现象中分析发现包含在其中的先验构成要素，即确定其中所不能得自对象却成就对象知识的内容。形而上学演绎的认识逻辑可以简化和还原为：给定事实状况 A，有一 B 使得 A 成为可能且除 B 以外便不可想象 A，所以 B 是 A 的先天构成要素。这种证明的实质在于让某种存在属性或存在现实在抽象的作用下沿着因果前提的思维模式，成为存在事实的先天条件，虽然外表上是关于存在构成条件的论断，但所作的是外在性因果关系追问而非内在构成分析，因而其认识效力带有两种局限。第一，它仅能断定有某种先天知识，但不能深入认识其何以有，而且这种断定本身也不具有必然效力，不能赋予所断定先天知识为充要条件。第二，按照康德为理性批判的分析方法所选定的认识事实系列，相应于不同认知机能的先天知识仅仅孤立地显现在各自领域之内，并不能依照流俗认识论的不同认识机能之间的相互作用设定，发现不同种类先天知识之间的作用原理和具体机制。两种缺点共同使得存在某种作为先验逻辑要素的先天知识这一论断，不但带有偶然性，而且成为纯粹逻辑的和抽象的，仅仅是一种功能偶合论证，并不能具体把握功能发生的真实存在原理。因而，形而上学演绎带有论断上的不安全性。其表现为，对感性直观形式来说，可以有一个内容因协同存在而为前提的情况。对于范畴来说，把悟性即综合功能仅仅归结为判断这种逻辑运用形式带有逻辑冒险性，因为可以设想其他的综合活动形式，比如概念和推理。实际上在康德考虑三种知识形态而把它们均归结为先天综合判断如何可能的做法和在先验演绎中用想象力说明"形象的综合"中，就已经间接承认了推理和概念作为综合形式的地位。① 而对于理念来说就是，尽管可以把扩展性关联全部归结为推理，但理念并不像范畴直接蕴含在判断形式中而直接析取那样，是在一个独断的前提即"推理必有一个终结"的辅助下得到的，本身带有知识设定即外加判断，违背知识批判的逻辑要求。至少，定言推理和假言推理所对应的理念就是如此。

对于上述第一种缺点，康德囿于其分析方法的方法论信念而没有察觉，但却敏锐地意识到关于先天知识的形而上学演绎所包含的上述第二个缺点，因而要求给出先验演绎，即先天直观形式对感性杂多的作用、悟性范畴对感性直观的作用、理念对悟性范畴的作用。三种演绎的核心虽然都在于说明它们的相互作用必然性，但在康德那里采取了不同的方式。先天直观形式用作先天综合知识的前提条件，先验范畴通过统觉根

---

① ［德］康德：《纯粹理性批判》，蓝公武译，商务印书馆1960年版，第35—38、115—118页。

据而成为经验知识的条件，理念在制导范畴的使用方式过程中发挥观念的扩展联结作用。本来，先验演绎按照其设置目的应该正面肯定地阐述各种先天知识的根源、地位和存在关联，从而才能说明它们所必然拥有的认知功能和发生机制。进一步，也只有在一个统一根据中以综合方法的形式说明三种先天知识之间的统一存在关系，才能阐明它们之间的相互作用。在这种合乎逻辑要求的先验演绎中必然重新发现三种先天知识而覆盖形而上学演绎，把它降低为一种辅助性认识环节，即作为自己发生的某种准备性的诱导和指引。然而，被实质上的分析方法所局限，康德没有也无力采纳这样的先验演绎方式，而是将它们分别处理并只是给出了只有较弱说明力量的"权利主张"的形式。三种先天知识的先验演绎都立足于某种知识事实——对先天直观形式为几何学和变化概念、对范畴为经验知识、对理念则为关于经验对象的间接的系统化联结——而把相应的先天知识的参与推定为认识条件，所采取的论证结构也与形而上学演绎同构即倒推式推断，因而绕过了对它们之间内在存在关联的揭示任务，只抽象地、不具必然性地说明它们的认知功能。其中，最具代表性也最具难度和复杂性的是范畴的先验演绎。即便如此，在范畴的先验演绎中所能看到的也只是由感性直观内容提升为意识所必需的存在归属条件即对"我"的依附而发生的范畴统一论断。其中，作为统一方式的范畴与由自我同一所设定的先验的统觉统一之间的联系，是通过"客观统一"功能中介建立的。但是，这种联系并不能获得必然可靠性证明，即统觉并不一定唯一地通过范畴实现自己的统一要求，因为难以逻辑地排除其他统一手段的存在。关于先天知识的形而上学演绎仅仅在其证明确有某种先天知识的范围内，就可以单独在可逻辑设想的意义上证明知识的存在可能性，相应设置的先验演绎则在逻辑上形成补充而要为之增添现实性。但是，显然，这种论证的意图和力量被先验演绎本身的论证结构的非理想性或不完满所损害和减弱，并没有清晰描述先天知识的认识发生机制并由此确定它们在知识形成中的必然根据地位，其论证功能仅仅是在已有的知识可能性的基础上又增加一层逻辑上同质的知识存在保证即可能性，但可能性加可能性还是可能性。也就是说，康德对先天知识的论证最终并未达到完善，仅仅停留在关于知识可能性的抽象逻辑推定形态上，而没有实现具体的存在分析和断定。因此，要言之，关于各种先天知识的先验演绎仅仅抽象地摆明了它们具有先验有效性的可能性，而并没有通过具体完备揭示它们的内在存在关系来证明其必然性。即使退一步说，可以接受康德关于先天知识的先验论证，那也还是只能抽象地获得知识的发生可能性论断，而不能具体把握认识发生的内在必然性和原理。可以说，形而上学演绎意在说明有某些先天知识，但先验演绎并没有在逻辑上补救其认识的不完善，扩大关于先天知识的认识内容。

在逻辑上，两种认识方式都可以满足对"如何可能"问题的回答要求。一种是通过具体完备地揭示知识的根据内容并确定它们之间的内在关联和连续的知识形成原理，来肯定而充实地描述知识的条件，从而阐明知识的现实必然性。另一种是仅仅指出可成就知识的某些条件，它们仅仅使得知识是可设想的，而并不能具体确定它们的逻辑地位即是必要条件还是充分条件，继而在缺乏关于知识形成的必然性和内在环节的全面揭示情况下，仅仅抽象地说明知识存在的可能性。前者是内容完满的回答，具有强论断效力，可以作为对事物的论证性认识；后者是内容残缺的回答，仅具有弱论断效力，仅能作为对事物的争辩性认识，即仅仅在相对相反主张时才有价值。根据如上所述的康德所采用的思维形式的逻辑性质，他对知识"如何可能"的回答只能划归后者。

无疑，尽管康德关于先天知识要素的论证是抽象的和逻辑上软弱的，但也构成了对知识的一种辩护，因为至少人们由此可以获得设想知识发生的某种可能性的权利和途径，并用以对抗休谟的怀疑论。然而，不可超越这种估价而奢望从中得到科学如何可能、形而上学如何可能的回答。因为，依据康德的有关论证所披露的纯粹理性原理，根本不能在经验知识范围内区别何为科学和形而上学，更不能得到如何构建科学和形而上学的指导。在先验观念论的框架内，康德仅仅指出理念合法地具有指导进行范畴的扩展性关联的作用，以此辩护了在判断间展开推理这种间接认识的合理性，但不能仅仅根据推理这一思维形式来判定是科学还是形而上学，因为二者都可以采取推理形式。也就是说，在康德对先天知识的揭示水平上，不足以描述和定义科学与形而上学。相反，所能做出的论断只能是，在形而上学的逻辑思辨性质意义上，理念对悟性的范导权利说明了围绕认识对象进行形而上学性思考的观念上的合理性。然而，虽然康德据此确定了形而上学的问题领域，即灵魂、世界、神，但依然不知形而上学推理究竟是怎样的内容和怎样的形式。

二 作为否定逻辑的"划界"在认识论上的局限

不能把范畴作超验使用，否则理性就必然陷入矛盾和谬误，这是康德在继先验原理论之后的辩证理性论中为认识活动确定的界限。所谓超验使用，也就是将范畴适用于某种不可能获得经验内容支撑的概念，从而赋予它以经验实在性，比如将感性直观形式加以量的范畴，将无制限条件的"条件总体"加以实体范畴。这一认识划界与先验要素论一起，构成康德所谓的先验逻辑的一个内容，后者作为认识活动的积极的先验内容和先验条件，而前者指出它们之间的合法关系，规定认识的范围，属于消极的规范内容。划界的直接意义在于防止理念错误地把自己支配范畴的终极要求经验化和实在化，告诫其仅仅具有思维的效力而无认知的效力。① 因此，划界不是在一般地限制认识活动的范围，而是澄清不同认识活动的合法方式以及它们之间的区别，具体说，不是取消某种认识形式，而是在必然地限制某种认识形式——思辨的推理——的取义内容。在划界之后，先验对象不再寻求经验的说明，即严格区别于经验对

---

① [德]康德:《纯粹理性批判》，蓝公武译，商务印书馆1960年版，第17、108、118页。

象，仅仅成为纯粹概念思维的认识目标，同时仅仅以概念之间抽象的范畴联系为内容。其效果为，知识被划分为不同的两个种类即经验认识和理性认识，后者在被切除经验牵连之后，不是损失了认识自由，而是扩大了自由活动空间，即完全依据逻辑规律而活动，不再接受特殊经验内容的限制要求。就一般的形而上学概念所指正是超验的逻辑思维而言，划界不是压制了形而上学，相反是解放了形而上学，即禁止了纯粹逻辑思维结果的实体化，却把关于存在的普遍原理的领域作为其自由立法空间。

虽然形而上学在康德的划界中得到了"校正"并获益，但形而上学是否由此得到了清晰的自我意识，亦即健全完整地规定了形而上学的存在和属性问题，还需要根据包括划界在内的先验逻辑的认识功能来回答，尤其要考察划界的根据所赋予的这一认识界限的意义。

在范畴的先验演绎过程中，康德仅仅根据知识的构成要素把范畴的使用限制在经验对象内，认为它们"除对经验对象以外，在知识中别无其他应用之途"①。但康德的这一论断所针对的是范畴的对象使用情况，并没有排斥它们的非经验对象使用或纯粹逻辑使用的合法性。在区别了"思维一对象与认知一对象乃截然不同之事"之后，②康德仍间接肯定了范畴的纯粹思维功能，说"盖若不能有与概念相应之直观授与吾人，则此概念就其方式而言，虽仍为一思维，但绝无对象，且无任何事物之知识能由此概念成立"③。根据辩证论的有关阐述，所谓纯粹思维的对象是先验对象，即由概念所先天设立的对象，而认知中的对象也就是经验对象，是由感官经验所确立起来的对象。与先验感性论的先天直观形式仅仅适用于感官的限制相配合，范畴的对象认知功能完全被限制在感官对象之内，没有其他可能的直观可以为范畴

---

① ［德］康德：《纯粹理性批判》，蓝公武译，商务印书馆1960年版，第108页。
② ［德］康德：《纯粹理性批判》，蓝公武译，商务印书馆1960年版，第108页。
③ ［德］康德：《纯粹理性批判》，蓝公武译，商务印书馆1960年版，第108页。

提供实质意义。但是，这种规定由于范畴的先验演绎的不完善而遭到弱化，即在统觉、范畴、感性直观之间未能建立起逻辑上必然的和充分清晰的唯一性关联。即使承认范畴与感性直观的这种联系，也仅仅正面说明了范畴需要感性直观来充实自己，或者说明了范畴的自然活动界限，而并没有论证范畴会否越出这一界限及其可能后果。因此，在先验要素论的范围内，只能抽象地确认感性直观是范畴实现自己认识功能的一个充分条件，而不能具体论断完备的范畴对象。从相应的论证形式看，这种所谓的"使用限界"具有过度论断性和理由不充分性。它不是从作为先验要素的感性直观形式和悟性范畴的内在规定以及它们之间的必然存在关系出发，而是从作为认知活动结果即"知识"的给定构成要素出发来论证的，这种被采为证据的"知识"具有经验事实性和知识论论断性，本身是否具有对认识的绝对代表权利和绝对真实性在逻辑上是不确定的。同时，"知识"作为认识的结果，在缺乏对认识过程的内在确切把握的条件下，其构成要素也并不能通过由果溯因认识方法而必然地直接分解和映射为其起源要素。

直接从不同类型先验要素之间的关系出发论证范畴的划界所包含的逻辑缺点，似乎得到来自先验辩证论的证据的某种修补。通过二律背反等先验辩证矛盾，康德在范畴必须运用于感性经验这一肯定论断之外，又增加了一个否定判断，即如果范畴超越经验领域而使用在像"不受条件制限者"或"条件全体"这样的纯粹由思维产生的对象上，就会导致先验幻相，必然使理性陷入矛盾，所以范畴不能超验使用，也就是不能类比地赋予纯粹思维设立起来的概念以经验实在性，而只能停留在思维本身之内，把它们理解为仅仅关于先验对象有效，而根本不涉及经验对象。表面看来，这个否定性论断在逻辑上实践了先验演绎中所提出的关于范畴使用的界限，构成关于范畴使用界限的完整论断结构，即知识条件是 A，非 A 则没有知识，从而加强"划界"为必然的。但是，仔细审查这种否定性划界的根据的逻辑性质，就会发现，它采取了"例证"式论证。康德是仅仅在范畴指向特殊的超验概念或对象的使用中所出现的矛盾基础上来给范畴普遍划界的。他并没有提供范畴的超验使用的普遍情况或者说普遍性质,并据此作出普遍考察而得出论断。质言之,通过范畴超验使用的个例中所包含的消极认识后果,不能必然地作出"非 A 则没有知识"的普遍判断。具体地审查,在理性推理形式中,除了选言推理直接蕴含"条件全体"外,定言推理和假言推理本身都不直接蕴含"条件全体",即并不以一种"条件全体"为展开推理活动的条件,所谓的最高主辞(灵魂)和第一因(世界)都是在外在附加终极确定性要求情况下所设立起来的概念,并且其推导过程带有思维的特殊性即与特定的思维起点和方法相关,同时带有特殊的文化背景,因而并不具有逻辑必然性。与此相联系,所谓理念所导致的理性矛盾,比如关于灵魂的误谬推理、关于世界的二律背反推理,都具有相同的非必然性机制,是在特殊的推理路径下显现的,并不能排除有不同的可以避免矛盾的思考方式存在的可能性。比如关于时间空间有限与无限的论断矛盾性,就是建立于康德带有独断特性的先验原理论基础之上,而完全可以根据整体不具有量性特点(比如古希腊哲学就有"一是单位而不是数"的命题)来拒斥量性范畴向它们的使用,但是未必其他范畴也不能向其使用,比如因果范畴。问题的关键还在于,即使承认康德通过推理形式体系已经完备列举理念及其所造成的"条件总体"种类,那也仍然可以设想相对这些理念为次级的超验概念的产生和存在的可能性,而针对它们的范畴使用情况并不一定与针对理念本身的范畴使用情况相同。这一论证上缺陷,在关于范畴只能作经验使用的肯定论断的论证上的不充分和缺乏必然性背景上,显得更加突出。一种逻辑有效的否定判断的合理形式是,把自己从一种充分有效的肯定判断引申出来。没有健全的肯定,就没有清晰的否定。而这一点康德是知晓的。[1] 就此而言,否定性的划界可以有两

---

[1] [德] 康德:《纯粹理性批判》,蓝公武译,商务印书馆1960年版,第415—416页。

种形式，或者是完备的，即在肯定性论断 A 之上否定一切非 A，也可以称之为内在填充式划界；或者是残缺的，即仅仅通过个别否定事例而做出保障思维安全性的禁止断言，也可以称之为外在切割式划界。由于这是在将个别直接扩大为普遍，所以在逻辑上具有过度推断的性质。康德的划界带有混合性，但由于他关于范畴的经验使用的论证并不充分，所以更多的是外在切割式划界。

康德的划界既不具有确定性，也不具有完整性。然而，仅仅就不能将范畴作超验使用这一简单限制而言，其思维效用还是可以描述的。禁止范畴的超验使用，也就是要求把纯粹思维所确立的概念严格限定在观念领域，仅仅承认其观念有效性，而不能赋予它经验实在性。在如此划界之后，之所以纯粹思维还可以保留其认识意义，从表面看，是由于康德为之设立了先验对象概念予以添补和支撑其意义结构，但从实质上看，则是得益于"先验的观念论"和"存在不是实在谓词"这一断言。因为，根据先验的观念论，被纯粹概念所支配和推动的思维是理性本身的必然表现，同时也是合法的，但仅仅具有观念有效性，同时并不否定经验内容的实在性。这就划出了两种认识内容领域。划界的效能或对认识样式的改变在于，不再对纯粹概念实体化而将其看成经验存在物加以论究，相反，仅仅就逻辑关系来思维。直言之，划界之后经验内容仍然是纯粹思维的对象，区别仅仅在于这种思维不能再让自己返回经验实在性而设立自身为一种经验实在物，只能把自己看成关于它们的观念统一原理。而根据康德的"哥白尼革命"，这是理性的必然作为，也是合法地为世界立法的活动。而在康德那里，存在就是经验实在性，是一个主观观念与现实经验的关系，并不具有对概念本身的内容规定功能。[①] 由此，划界也就是消除纯粹概念的"存在"谓词，而且并不会造成思维内容的

---

① ［德］康德：《康德全集》第二卷，李秋零主编，中国人民大学出版社 2004 年版，第 78—80 页；《纯粹理性批判》，蓝公武译，商务印书馆 1960 年版，第 430—432 页。

逻辑性残缺。所以，从一般认识的逻辑意义来看，这种划界之后的纯粹概念思维拥有完整的意义结构，并不缺少论断所必要的谓词。如果"存在"是一个实在的谓词，那么划界之后理性的纯粹思维就会变得没有意义，因为存在概念具有最高的普遍性，一切其他谓述性概念都与之相牵连。质言之，所谓经验之内或经验之外，不是指对思维的内容进行限制，使纯粹概念思维或推理脱离经验内容，而仅仅是限制这种思维过程的自我理解样式，防止混淆先验对象与经验对象两种对象概念，因而把仅具有观念有效性的思维产物赋予经验对象地位。实际上，在康德那里，就已经开始反对实体思维方式的泛滥。具体说，对于理性的纯粹概念思维来说，只能从经验内容到概念和推理，而不能从概念退回到对概念的经验追问，或者说不能把存在赋予概念以充作其谓词。康德所谓理念之统制的使用，其意义就在于此。

从上述分析可以看出，康德为纯粹理性的划界并不具有论证上的充分必然性，其仅有的逻辑合理性的论据也与缺乏论证上的严格真理性的先验要素论相联系，因此，总体地加以评估，划界的准确性处于可疑地位。但是，康德把由"哥白尼革命"来完成的先验逻辑看成一种模拟自然研究的实验法的结果，"此种方法乃模拟自然研究者之方法，即在为实验所肯定或否定者之中探求纯粹理性之要素。……论究吾人先天所采用之概念及原理，吾人之所能为者，惟自二种不同观点用此等概念及原理以观察对象耳——即一方面与经验相联结，视为感官及悟性之对象，另一方面则视为努力欲超越一切经验限界之孤立的理性之对象，即纯为思维之对象。如以此二重观点以观察事物，吾人自见与纯粹理性之原理相一致，但若以单一之观点观察事物，则理性实陷于不可避免之自相矛盾，实验即所以决定此种区别之为正当者也"[①]。他用划界的理论收益或者说

---

① [德]康德：《纯粹理性批判》，蓝公武译，商务印书馆1960年版，第13页。

理论成功来辩护整个先验逻辑的正确性。① 这种补充性论证仍属例证式论证范畴，只能增加论断的正确可能性，而不能根本完善和健全论证的逻辑结构。其论证样式为，如果 A（先验逻辑），那么 B（无矛盾），B，所以 A。这一推理形式显然在逻辑上是不能必然成立的，至少，可以设想 A 在内容上的过度规定可能性，即有可能在少于 A 的内容的条件下，也可以成就 B。

在不能给予划界以完备的逻辑形式的情况下，划界就只能以偶然和特殊否定的形式出现，从而就只能停留在抽象的思维限制水平，不可能进一步预示划界之后的纯粹概念思维的规则，换言之，成就形而上学的更直接法则都在视野之外。

三　先验逻辑与科学形而上学理想语境的差距

形而上学的历史被缺乏明晰的自我意识和相应的指导方法玷污了。对此，康德具有清醒的认识："因哲学家并彼等所有学问之理念亦不能发展，致彼等在缔造其学问，不能有确定之目的及安全之指导，因之，在此种任意所思之创业中，以彼不知应择之途径，致关于各人所自以为由其特殊途径所得之发见，常互相争执，其结果，彼等所有之学问，最初为局外人所轻视，终则即彼等自身亦轻视之矣。"② 因此，必须认真反思方法这一被康德所提及但并未详细分析的认识元素的认识贡献，然后具体评估康德本人所进行的方法制定工作的质量。

表面上，只要在形式上制造了具有相应逻辑句法的判断，把它们摆放出来，就算形成了相应的认识。但是，对于要求认识正确性和可行性的理性来说，问题却并不如此简单。理性要求论断，但它绝不满足于论断，而是更看重根据。而对于有限的理智来说，它所能做到的

---

① ［德］康德：《纯粹理性批判》，蓝公武译，商务印书馆1960年版，第12—15页。
② ［德］康德：《纯粹理性批判》，蓝公武译，商务印书馆1960年版，第572—573页。

并不是上帝般地透视存在，相反，只能在自身的认识过程中尽其所能地满足认识的真理性要求，即以合乎知识的逻辑品性所要求的方法来从事认识活动，最大限度地保证认识的逻辑有效性。因为，在逻辑上，只有通过能够致成特定知识品性的方法，才能造成理性可判定其有效性程度的论断，不具有或根本违反方法要求的论断在认识形式上就是无效的，也是无法断言其实际有效性的。可以断言，方法是某种"根据"之采纳合理性的形式判据，只有按照方法组织起来的认识内容才能成为论断的合法根据。申言之，一个怎样得来的论断相对其认识目的才是可接受的？这是一个主观认识结果的可信性判决问题。在认识论上，有点儿怀疑色彩地拒绝形而上学的终极真理要求是有道理的，因为至今没有一种哲学或其他什么类型的理论能够证明意识对存在的彻底穿透性，从而拆除由于二者的异质性所造成的隔阂。但是，对认识活动所抱的这种态度，一旦超过温和界线而激昂地否定认识的任何意义上的正确性标准，甚至暴民式地反对对思维的任何形式的批评和约束，就失去了它理性的光辉，变得不值同情。虽然我们不能在客观存在的彼岸找到核对主观侧认识活动正确性的铁证，但是却能够在纯粹主观范畴之内检查认识活动的主观有效性，即认识过程相对认识目的的逻辑切合性。在逻辑上，认识目标的逻辑品格向认识过程提出特定的逻辑要求，只有提供所要求逻辑特性的认识过程才可能相对认识目标是正确有效的，亦即在特定认识任务框架内是可信的，否则就是不可信的。可信性是检验认识的弱理论标准，即获得它并不意味着绝对就是真理，但没有可信性就断然滑落为不具有可接受性的瞎蒙。思维方法正是对思维推进条件和认识内容间应该具有哪种形式的关系这些问题的抽象规定，通过这些规则赋予认识结果以特定逻辑品质，在逻辑上保证认识过程与认识结果之间的主观一致性，建立认识过程对认识结果的有效主观支持。就人的有限理智而言，思维方法是它能够找到的帮助自己进行认识管理的唯一手段。离开思维方法，人就必然

· 95 ·

把对认识的正确性追求和保障从自己可直接自主支配的领域转向异己的存在领域，从而变得独断和不可理喻。

贯彻一种方法，也就是赋予思维过程以支持思维结果的特定力量，亦即形成一种论证。论证就是构造一个合乎方法要求的从根据到结论的认识发展过程。无方法即无论证。自然，论证的形式是多元的。而不同的思维方法具有相对作为自己根据的认识目的的充分论证效力，不具有对在此之外其他认识目的的论证效力。比如归纳方法就不具有对要求逻辑普遍性的理论科学的论证效力。同时，相对于认识的绝对目的即把握存在，或者说由于各种不同认识目的相对这一绝对认识目的具有不同地位，不同认识方法间具有高低不等的逻辑力量，发挥不同的论证效力。因此，人类的认识应该尽可能地向高级方法进化，即面对同一对象或问题，应当努力采用高级认识方法追问其存在本质和规律。

思维方法具有巨大的认识推动力量和认识批判功能。在积极意义上，思维方法设立起认识道路，体现为某种抽象的思想关系形式，比如思想材料的性质、合法根据的标准、根据之间的关联方式、根据对结论的证明力的判定标准等。而只有特定内容间可能具有这种关系才能被方法所穿越。因此，特定思想内容面对一种方法，就会显现出自己的逻辑秩序，并暴露出某些欠缺，即在方法所要求的某些思想环节上缺乏能够占据其位的内容。这逼迫思维去发现能够填补思想空位的内容，从而推动认识活动向未知领域探索。因此，方法赋予思维以自主性和能动性，使思维主动地提出问题，达到自我挑战和自我超越水平。而在思维的这种前进中，明确的方法意识必然支配思维设计，指引思维追求更高的根据和更丰满的内容，使思维接受更大的任务。方法使思维变得开放而具有远大抱负。

在消极意义上，方法向思维供给一种思想制约机制，使思维进行理性的内在自我批判成为可能。由于思维方法是有限理智所能找到的判定思维结果相对认识目的可信性的唯一根据，所以只有通过思维的合方法性才能确定认识结果的可接受性。相反,那些违背方法或存在方法瑕疵的思维所得到的结论就是不可接受的。因而,方法使思维主体获得一种自我检讨和否定的工具,帮助消除那些纯粹主观任意的论断。有强大的方法意识,思维就变得明智和冷静,能够自我约束某些浮想。对于有切实认识目的的思维活动来说,在积极探索之外再添加内在批判作为思维的监护者,才是能够自足发展的理性认识。而具有自足发展能力的思维才可能获得自信,从而把立足点由权威转移到逻辑上,迸发出不懈的知识开发努力,解开一个又一个令人惊喜的存在之谜。

方法意识是对认识自身的反思的结果,它把认识提升到自觉水平,使认识由此赋有反思本性。相反,缺乏方法意识的认识仅仅是精神的自然冲动,必然满足于零散甚至是混乱的感悟,无法摆脱认识的经验引力而停滞、滑动在现象层面上。只有借助方法才能使理智超越简单感悟而登上反思分析层面,造就认识的高级类型。同时,也只有借助方法的强大而稳定的认识功能,才能使人们的认识成为具有严肃性的学术,并促成具有自身的相对稳定性、普遍性的学科。

由上述关于方法的分析可知,拥有充分发展的具体方法才能真正推动认识的科学化。那么,康德是否为形而上学制定了足以支持其科学性的方法,就直接决定他的理性批判的成败指数。针对理性的先验批判以其对先验要素的揭示在逻辑上证明了先天综合判断是可能的,因而知识是可以存在的,由此反击了哲学中的怀疑主义。划界则在此基础上进一步提出了防止理性陷入矛盾和谬误的方法论指导。两者相结合似乎在形式上围成了一个有效的封闭性的认识范围。但是,先验原理论中所包含的论证上的逻辑不足决定这是一个幻觉,即它们所形成的对认识的规定并不是完全的。同时,这一缺点也注定康德对先验方法的描述必然不能充分展开。按照认识逻辑的完整内涵,先验方法论问题占有重要地位,而且应该被纳入先验逻辑范畴,它恰好应该作为连接先验要素和划界的桥梁,指出把已经确认的知识的可能性变成现实性的途径,即规定在知

识的合法界限内的知识构建规则或形式。这就必然牵涉知识的形态及其相应的建构方法问题，包括认识的对象、合法问题、展开程序、合法材料、逻辑结构等。然而，被先验原理论和划界中的认识抽象性或逻辑残缺性所决定，康德绝不能满足这一要求，因为先验方法只能以它们为前提发展出来。在先验方法论中，康德不是根据知识的可能性原理系统完备地确定知识种类及其合理获得方法，而是根据认识在其历史中的表现来提出所谓"训练""法规""建筑术"等。这些内容的功能不是继续创造性地确定先验的认识方法，而是用已有的某些先验的论断说明理性的历史，因而从先验逻辑的建构角度看，并不具有开拓意义，只是在具体显示先验划界的效应中重申先验划界。在其中似乎最有方法论价值的"建筑术"，虽然论及哲学，但也只不过简单地以先验要素为根据而抽象地以知识源流即来自概念来定义哲学，此外并无具体论述。① 因此，可以断言，康德的先验方法论由于没有从先验原理论中得到充分的方法规定根据，所以显得无能为力而缺乏作为，对于先验逻辑并没有实质性添补，先验逻辑始终携带重大逻辑缺陷。

仅仅指出认识活动的合法领域和形成知识的可能性是不够的，还必须给定在其中现实寻求某种知识的方法和检验标准。康德带有内在逻辑不足的划界难保已经完备消除和远离了一切逻辑矛盾，即使完备的划界也只能达到避免逻辑错误的目的，而不能确保具体认识中的逻辑错误和实质错误。质言之，从"如何可能"到"限界"之间存在方法论上的"怎样实现"这一空白。而认识内容或者说认识结论的真理属性必须通过支持它的认识方法的逻辑特征及其真理保障价值来确定，内容本身的特定规定性并不能自主显示其逻辑地位和知识价值。因此，康德的先验逻辑就知识的划分和可靠获得而言并不完整，自然也就不能具有必然造就相应知识的力量，所能收获的只有对知识可能性的辩护。其必然后果

---

① [德]康德：《纯粹理性批判》，蓝公武译，商务印书馆1960年版，第498、568、572页。

为，康德只能就形而上学的对象作出规定，而不能进一步阐明关于它们的形而上学的展开方法。在这种思想状况下，仅仅用"由概念而来"并不足以充分规定形而上学认识，它的出发点、展开形式、知识性质等问题都被推入不同可能性的飘动之中。

形而上学具体方法的空白使得康德关于形而上学可能性的先验逻辑阐明沦落到只有孤立的语词而无语法的境地，即先验逻辑仅仅在形式上抽象地规定了形而上学的内容，而没有给出驾驭这些内容的普遍规则。可以断言，康德的先验逻辑在整体上没有达到严格而充分地规定认识活动的方法论要求。

结语：为科学形而上学奠基是康德先验批判的重要使命，他说："依据几何学者物理学者所立之例证，使玄学完全革命化，以改变玄学中以往所通行之进行程序，此种企图实为此批判纯粹思辨的理性之主要目的。"① 而所谓科学，作为知识的一个属性描述，仅仅意味着认识的必然性、普遍性、确定性和有效性。而对于人类理智，只能以认识中的主观特征来保证和评价认识结果的这种科学性，其唯一途径是遵从适应认识科学性要求的一定方法，在其中，论断的逻辑品质被认识主体清晰地把握。被认为是科学楷模的自然科学，也不是仅仅因为实证即以经验对象及其内容为研究对象就自动成为科学的，更重要的是，它采用了某种精心设计的方法。然而，相对认识的充分发达的方法要求，康德所实际给出的先验逻辑的方法论贡献显得十分苍白，作用卑微。因此，毫不奇怪，形而上学在其后康德时代并未拨开迷雾而最终找到自己通向科学的光明大道。

---

① [德]康德：《纯粹理性批判》，蓝公武译，商务印书馆1960年版，第15页。

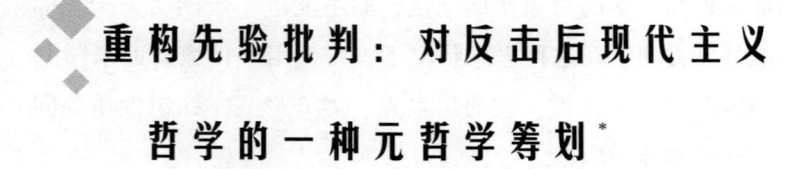

重构先验批判：对反击后现代主义哲学的一种元哲学筹划[*]

一 哲学的时局

带有形而上学高贵气质和远大抱负的现代意识哲学，[①] 由于违背了康德关于形而上学可能条件的忠告，终于在 20 世纪 60 年代遭到了命中注定的怀疑主义——以后现代主义这一特定形式表现出来——的凶狠阻击，并且陷入相持状态。

在批判传统形而上学而谋划一种科学的形而上学时，康德从形而上学的认识普遍性出发，把先天综合命题确立为科学的形而上学的合法形式，规定形而上学不能是经验的。[②] 而且，康德还对一种可能的科学的形而上学的构造形式做出规定，认为应该用综合方法建立普遍知识的体系。但是，现代意识哲学却试图或者从意识存在的事实材料出发，或者从人类具体的认识历史出发来谋求形而上学论断，因而都在本质上沾染经验性。同时，出发点的具体给予性逻辑地决定与综合方法对立的分析方法（从特殊内容溯求普遍原理）成为必然的哲学选择。这种实证性的方法论导源于现代意识哲学对科学性的追求和对实证自然科学的简单模

---

[*] 该文发表于《江海学刊》2006 年第 1 期。
① 这里所谓的现代意识哲学宽泛地指称那些关注人的智性的存在方式问题的哲学理论。
② [德] 康德：《未来形而上学导论》，庞景仁译，商务印书馆 1982 年版，第 17、164—165 页。

仿，没有认真分析自己任务的内在方法要求和有效性的特定表现形式。其实，科学性的实质是论断的普遍有效性，而有效性的逻辑条件是论断必须直接针对并完全涵括所断言的对象领域，具有与对象领域相适应的辖域。自然科学在本质上是关于特定自然现象的构成规律的研究，因而从特殊经验内容出发的实证方法成为满足其有效性要求的合法方法。但哲学谋求具有整体意义的普遍知识，其论断的效力逻辑上要超越具体的经验对象。所以，从特定经验内容着手的哲学都是类推型认识，其秘密在于跳过一个本当加以直接研究的对象区域而把一个只有特殊对象根据的论断送到普遍性彼岸，因而是主观独断的普遍性。这在本质上使哲学丧失了出师前所既定的理性论证原则，并为任意妄断偷开后门。前康德形而上学遭到最多攻击的软腹部位正是这种推理。哲学对普遍性的追求本身向哲学提出了不同于自然科学的理论起点要求，即必须从具有与某种哲学目标相称的某种普遍内容出发，换言之，它有自己的根据规则：具有逻辑普遍性的内容而非例证才能进入哲学建构的各个环节。从逻辑的观点看，思辨的而非归纳的方法才能找到符合这种根据规则的形而上学建构材料。就此而言，现代意识哲学的基本方法论已在根本上决定其走偏了路，即试图用经验材料完成先验探索。因此，现代意识哲学不可能超越和克服后现代主义加于它的诸如独断、无根据等种种形而上学指控，形成对它的形而上学理想的有力解构。现代意识哲学对自己科学性的实证误认，把自己推向了尴尬境地：一场理性论证自身的活动却发现自己没有遵守理性的严格逻辑标准。

　　深刻的康德背景使得现代意识哲学把形而上学主题从自然对象切换为意识存在。当然，对意识存在的不同视角产生了不同的意识哲学形式。但是，一个共同之处在于，它们都把自己的使命理解为阐明理性的本质即智性的基本活动方式。就此而言，现代意识哲学被定位在认识论区域内。然而，由于这种认识论按照其方法论规定被建基于意识的实存形态之上，所以不同于以往的认识论对理性活动现象的功能性考察，它成为一种直接的内在存在构成分析而被本体论化。认识论的存在论向度具有相对主客二分框架内的认识论的功能视角的进化意义，是由外在观察向内在透视的转换，标志着认识的深化和向问题本源的切入。但是，由方法论的经验本性所决定，现代意识哲学被普遍打上了特殊存在的烙印，都牵连现实存在所不可逃避的特殊具体性。比如，致力于意识的先验构造形式的主体哲学，被经验给予性的个体性圈定在个别主体之内，从而使得理性不再是康德所假定的普遍理性，而必须把这种理性的普遍性即主体间性当作自己的论证任务。主体与经验存在的个别性的相关，直接损害了主体哲学谋求关于理性的普遍规定性知识的计划。而作为应对举措的语言转向所推出的交往理性概念，虽然能够利用语言的社会普遍性来规避主体间性困难，但却具有逻辑粗糙缺点，即回避了个体的交往能力这一交往的先验条件问题，因而归根到底还是没有合乎理性地摆脱主体哲学困境。这种困难引起了后现代主义对大写的主体、大写的理性的警惕和怀疑，并意欲弃之而他顾。更为糟糕的是，由具体的意识经验或科学知识入手来挖掘理性普遍形式这种做法，使形而上学踏进存在的无限罗网之中，确定的普遍原理这一探求目标被无限的材料所纠缠。这是因为，任一特殊的实存都是在整体中确立其自身存在和意义的，也就是说在存在领域内，特殊实存具有诸差异特殊内容间的开放关联性，所以，试图从某一特殊意识经验存在发现普遍规律，就必然被存在关联的引力拽向无限的差异事物之中。在逻辑上这种困难表现为整体与部分的循环。胡塞尔的内在时间结构的"边缘域"，海德格尔的"时间性"，伽达默尔的"效果历史"都是其不同反映。语言转向，无论是语义学的还是语用学的，因自己存在的经验性质都未能避免这种困难。其实语言意义在胡塞尔等人的思想中就占有重要地位。正是在语言现象中，德里达开发出了差异、延异、播撒这些后现代主义哲学概念。无限的关联和相互依赖，使得任一内容都失去了存在基石的地位，使建立存在等级秩序不再可能，因而后现代主义高喊"去中心""反逻各斯""反对后设叙事"这些解构口号。

经验存在的整体关联性在逻辑上带来对哲学不利的结局,即存在确定性的丧失。从"当下"这一维度看,由于确定特殊经验存在的全部意识内容不可能一并给出,所以也就不能在任一当前时刻认识这特殊经验对象的存在意义。这严重损害了一切针对给定材料进行哲学认识的方案和把一切对象都置于并存状态来考虑的思维理想,从而直接打击了胡塞尔关于意识活动奠基于直接给予的意识生活经验的信条。而从历时维度看,经验具有沿时间分布的开放给予性,因此,任一经验存在的意义按照经验存在的逻辑都关联着未来的可能经验,随不断绽放的经验区域而变化。正当意识哲学家们饶有兴味地以"时间性"来描述这一经验存在的历史性的时候,后现代主义哲学家却接续进行彻底的逻辑思考,将整体诠构的无限性和历史的无限开放性带进一种关于实在的哲学思考中,逼问现代意识哲学家特定的经验存在如何可能,并针锋相对地反对"在场"、反对形而上学、反对理性,而提倡相对主义。这些主张是从现代意识哲学的工作方式中合乎逻辑地发展出来的,因为特定经验存在已被整体性和历史性所瓦解,无法具有任何意义上的现实性,亦即丧失了自己的存在同一性。理性面对这种结构中的一个经验都已无力确定其存在意义,更何谈承担包揽存在整体解释这一形而上学任务?焦点在于,绝对流动的意识显然拒绝任何寻找确定性的企图。这进一步加强了后现代主义对设为统一中心的主体性和理性普遍性的解构。

现代意识哲学的目标与出发点的错位——在特殊经验内容的存在构成中寻找普遍形式——所潜在的裂隙逐渐暴露并被后现代主义者一一盯梢,招致全面攻击。这些攻击汇合涌向虚无主义,形成哲学史上的又一波怀疑主义思潮:消解真理标准,怂恿相对主义,抛弃确定性和是非判断。但后现代主义挑起的这种与现代意识哲学的对抗,并不是外部性的立场对抗,即各自从不同的原理设定出发而发生的对立,而是现代意识哲学的逻辑延伸,即它自身中就包含足以导向某种后现代主义的因素。

因此，现代意识哲学难以生产出克制后现代主义的理论而继续前进，而后现代主义也具有更为突出的对现代意识哲学的终结作用。但是，由于后现代主义对人类认识来说只从事破坏却并无建树，使人对形而上学的理论建构热情颇感同情，从而不能在根本上驱散现代意识哲学的那种形而上学式灵魂。

由于后现代主义者缺乏形而上学可能形式的想象力，他们仅仅依据对现代意识哲学这一特殊形态的形而上学进行狙击的一时得手，就草率发布了形而上学终结的宣言。其实，后现代主义的诞生是现代意识哲学不当思维技术所酿成的恶性学术事故，孳生于其思维方式的错误。因此，后现代主义所讨伐的真实对象是现代意识哲学作为形而上学的漏洞，而不是形而上学本身，不能把它理解为是对一切可能的形而上学普遍有效的，后现代主义的论说本身在逻辑上还没有达到这种普遍水平。

二　古老的后现代主义

怀疑主义在哲学史上一贯立命为反对派。后现代主义正是在反对现代意识哲学中形成的。从对后现代主义与现代主义对峙的描述中可以看出，现代意识哲学方法论所假借和倚重的经验存在也恰是后现代主义的反击平台。据此，后现代主义反掉了现代意识哲学追求普遍知识的希望，消解了一切确定性。现代意识哲学并不是否认经验存在的变化，只是仍然对变化中的规律怀有信念。相反，后现代主义却决意沿着变化把现代意识哲学逼迫出局，否定其所主张的当下经验存在的构成可能性。其实，现代意识哲学之于后现代主义，就是赫拉克利特与克拉底鲁之争。"你不能两次踏进同一条河流"与"你不能一次踏进同一条河流"这两个命题的逻辑关系，已经预言了今天哲学斗争的实质。而晚期希腊怀疑主义者毕洛所主张的对真假判断的"推脱"态度，也大致指示出后现代主义的极端真理民主论这种价值取消主义归宿。

观点的神韵雷同并不意味着后现代主义没有相对古代怀疑主义的进

重构先验批判：对反击后现代主义哲学的一种元哲学筹划

化关系。作为反对派，其批判对象的历史踪迹折射出它自己的演进和水平。后现代主义正是怀疑主义以古代为起点不断追击哲学的各种变化形态的结果，在现代意识哲学的历史联系中有它的内容积淀线索。古代哲学以素朴的客观存在信念和存在与认识的同一为基础，而怀疑主义抓住自然存在的变易或者说认识的相对性来否定存在的客观性，抛弃实在观念，主张犬儒态度。这逼迫哲学不断修改其独断形式，并最终发展出笛卡尔批判的怀疑方法，把认识起点从外在世界移置到认识主体这一内在世界上，以"我在"为第一基石。似乎"我在"已甩掉怀疑主义。但笛卡尔的沉思过程表明，主体成为一个纯粹的认识者，外在世界的存在只有通过认识的中介才能显现，只能作为"我思"的附属产品。客观性因而出现可以置疑的裂缝。休谟趁机依据对认识过程的经验论考察，攻击认识范畴的主观性，否认其客观意义，从而以对认识的怀疑在近代复活了怀疑主义。这种对认识的怀疑是较古代的实在怀疑论更为彻底的怀疑主义，因为在逻辑上，一旦认识被怀疑，对实在对象的怀疑就必然继起。康德努力恢复主体内在世界的普遍性，以认识范畴的先天普遍性赋予认识以客观性。但是，世界的客观性在康德那里相对素朴的客观概念已经打折，即用认识图像的普遍确定性替代外在存在观念。但这只是知识的客观性或稳定性，而非形而上学思维中观念所指的真实性。实际上，康德在此已表现出对实在怀疑论的无奈，不再关切甚至同意在实在问题上的怀疑主义。问题至此还没有完结，先验哲学空洞抽象的形式性，以及先验演绎的不完善，都使得知识的具体构造问题陷入晦暝。现代意识哲学正为解决这一问题应运而生。然而不幸的是，开始便在方法论上选择了经验分析思路，陷入经验存在泥沼。而经验存在在康德哲学之后，同时具有认识意义和存在意义，因此除了针对现代意识哲学的特殊形式所得出的特殊怀疑命题之外，古代的实在怀疑、近代的认识怀疑都被后现代主义所兼容，将反实在、反普遍、反主观存在这一整个怀疑主义史中不同形态的要义凝结为自己的现实表现。从某种意义上说，后现代主义正是一路尾随哲学的应变和选择而纠缠上现代意识哲学的。在后现代主义看来，不但外在世界那样的存在不可断言，对可能的存在不可能认识，而且就是主观内在世界的构成也已属不可能。这就把反击理性主义引向主体本身，认为在康德看来直接切己的自由精神存在也没有能力创造出确定的对象存在。这就是说，被现代意识哲学作为存在之源的统一性主体并不存在。显然，随着哲学中心从外在向内在的逐渐转移，怀疑主义也相应地把自己从客观怀疑论深化为主观存在的怀疑论。

虽然怀疑主义内容在扩展，但它的方法却一直未变，是在用一把弓箭射击不同的靶子。存在的变化和开放关联性是怀疑主义的唯一支点和全部土壤，由此引出各种对立观点，从而利用矛盾律达到软化、冲击一个哲学正题的目的。它的逻辑非常简单，就终止于反驳和破坏某种断言的效果上，而矛盾律的形式决定它只有推出相反论题这一个环节。同时，作为反对派，怀疑主义享有一种逻辑便利，即对它所反对的普遍断言，只要举出一个反例就可在逻辑上有效地瓦解其效力。因此，怀疑主义有着普遍的论说形式：口号—个例分析。在这一点上，后现代主义当然也不例外。后现代主义大量的文本见证着塞尔对后现代作家批评招数的三个步骤的概括：其一，逆转所谓的二元对立的等级秩序；其二，于作品中找出关键词语，以此为突破口来展示游戏的另一面；其三，潜心推敲作品。[1] 质言之，后现代主义与以往的怀疑主义抱有相同的逻辑观念，重复着同样简单的论证范式。然而，后现代主义制造了与这种逻辑简单性不成比例的大量文本，用文本的繁复掩盖或者试图弥补其逻辑的贫乏。

为什么矛盾律这个被人们通常使用的逻辑规律在怀疑主义者那里引发了反常的消极否定效应，或者说矛盾律的何种使用诱导出怀疑主义？怀疑主义的论证历史显示，形式逻辑的原理体系一旦带着普遍认识目的而向特殊经验领域做直接运用，就必然导致怀疑主义。其机理在于，特

---

[1] 陆扬：《德里达——解构之维》，华中师范大学出版社1996年版，第94页。

殊存在的关联性导致关于同一对象可以做出不同的论断,这被矛盾律判定为不能同真而要求从中作出选择,以维持同一律的有效性。在同一律看来,不具有同一性的存在是不可设想的。于是,根据律受同一律的驱使,对互相矛盾的判断进行根据批判,试图排除那个无根据者而保留另一个有确定可靠根据者。但由于经验存在的无限关联性,此类寻求根据的逻辑批判必然陷入无穷后退,除非介入一个独断,推求就不可终结。这导致关于同一对象的不可判定状态。因此,怀疑主义竟是彻底的逻辑主义者。虽说它的逻辑思维简短单薄,但并不缺乏逻辑力量。是经验存在瓦解了逻辑系统本该具有的判定功能,因为在经验界中,思维的形式原理系统的诸原理不能创造出互相满足的条件。只要思维驶入经验区域,它就只能有权作出此时此地性的特殊性描述,而不能奢望普遍性断言。反过来,只要它试图进行普遍论断,怀疑主义障碍就是不可超越的。

三 回归确定性:先验田园

但是,形而上学理想也不可能因为怀疑主义的阻拦而被丢弃,因为它与怀疑主义逻辑同源,同样孳生于形式逻辑系统,具有对等的有效性。不过,形而上学理想在形式逻辑原理系统内有自己不同于怀疑主义的运思方向和程序。与怀疑主义一样,形而上学观点也首先发现了经验世界中复杂的对立性质,而依据矛盾律对它们的存在性进行质疑和否定,并创造一个"现象"范畴。形而上学没有急于恢复事物的同一,而是首先追问这种状态的根据,在根据律的观念下,每一现象都会有其实在原因。但按照同一律,一物之为一物即为一,而不能分裂为二,凡物存在必须统一。因此,根据的线索必然收敛。所以,思维按照其必然原理而设立起本质范畴和抽象的作为存在承担者的实体范畴,本质是从现象到实体的过渡中介,实现现象的秩序化。在怀疑主义中,根据的观点至上,而在形而上学中,同一的观点至上。形而上学所给出的是一种使形式逻辑原理体系自我满足的对策,是试图把无限对象有限化的设计。形而上学

表现出理智与对象的斗争，因而显得崇高。而怀疑主义总是顺世论的，软弱谦卑。所以，形而上学充满生命的积极活力，在哲学史上虽历遭劫数，但杀而不死，相反，却不断进行自身革命，充当人的生活的意义和价值的支点和源泉。

形而上学的逻辑底蕴预设了它的可能条件。也就是说，形而上学认识必须在形式上体现逻辑规律间的相互要求，实现逻辑规律的绝对容存。而只有在一种形而上学成真时才会有存在的确定性和随后怀疑主义的逃遁。

按照形而上学的逻辑致思方向，它以充满对立的经验世界为对象而被矛盾律所启动，无所偏废地为每一经验事物寻找根据而运行根据律。而同一律向追求根据的思维作出范导，要求重新实现被矛盾律所否定的对象的存在性，创造新的存在形式。在矛盾律、根据律、同一律的这种三角形周流作用中，两两间形成对特定思维任务的规定，而且其中之一总是为由另外两者之间所规定的认识活动规定意义和性质，因为它正是另外两方生成认识要求的中介和条件，另外两方正是为它而设立起自己在认识中的作用地位。因此，沿着形而上学的逻辑运思方向依次分析矛盾律—根据律、根据律—同一律、同一律—矛盾律之间的纯粹逻辑关系，并分别与在它们之外的那个第三者相联系而确定其认识性质，就能够完备地描述形而上学的成真条件系统。

由矛盾律所指代的事物的经验对立而向根据律的诉求，意在为那些存在受到对立性损害的每一方寻找各自的存在辩护，其形式为向一个他物寻求存在支持，并将其作为相对自己具有更高存在效力的存在根源。换言之，一个根据也就是与寻求者有存在联系并占据决定和主动地位的他者。因此，在矛盾律和根据之间设立起来的是某种存在关联，它包含由存在决定关系而成就的制约性和由根据相对寻求根据者所造成的他者性，以及由存在优越性所生成的超越性。这种制约和超越只是为了恢复在矛盾中已经涣散的事物的存在，也就是要重新塑造逻辑同一性。因此它们以同一的某种实现为目标，接受同一律的调制。从它所形成的事物间关系看，这形成一种综合要求，拟制的是存在综合。

而在根据律与同一律之间，形成了有限化和结构化要求。由于根据律满足于个别性根据序列，所以在逻辑上它处于与同一律要求相对立的开放状态。同一律克服根据的这种开放性的结果，必然是根据序列的渐次收敛，这也就是作为根据的事物的有限化。同时，与有限化过程相伴，按照根据的关联本性和同一律的整体归一要求，也必然有事物间横向和纵向的组织结构形成即结构化。此番有限化和结构化一应矛盾律所导致的存在虚无而设，目的在于在矛盾这一不可理解的存在现象之上构造一种可接受的存在形式。所以，有限化和结构化的任务是存在批判，即一种对存在构成普遍条件的分析和追问。

同一律与矛盾律的认识关联形成鲜明的映照关系。同一律表达着存在的逻辑形式，是相对矛盾律的消极存在意义的对存在的积极恢复。因此，在矛盾律和同一律之间具有存在化关系，即同一律承担赋予矛盾律所指代对象以存在性的职能。而同一律所表征的同一的逻辑单一性与矛盾律所表征的逻辑杂多性，又形成普遍化特征，即与同一律对应的认识结果具有相对与矛盾律对应的认识对象的逻辑普遍性。由于同一律所表征的内容区域把矛盾律所表征的内容区域整体指派为对象，所以，这种逻辑普遍性的载体是一种不沾染经验内容的纯粹普遍内容或者说纯粹形式。存在化和普遍化都在根据律的指引下作为寻求根据的结果表现出来，因此二者都作为经验杂多的存在的可能条件而存在。一种使得经验物的存在成为可能的普遍性存在正是所谓的先验条件。质言之，哲学认识必须以普遍形式为材料，表现为先验判断。

综合结构、存在批判、先验判断这一形而上学形式要求体系具有它们各自的形而上学方法效应。

与综合结构相适应，形而上学建构必须采取综合方法，即由最高普遍命题开始向下逐次展开命题系统。因为，对于一个可能的具有综合结构的事物关联，只有进行与其存在关联和决定方向一致的认识活动，才能在每一认识环节达到全面把握，即把在这一环节上的一切决定因素考虑在内。而与之相反的分析方法（从给定事实开始而向上溯求其根据）则在其每一认识环节上都逻辑地处于晦昧不明状态——它们的决定因素恰恰是未来认识的任务。因此，分析方法所进行的每一步认识都是片面的，不能达到对所认识层面事物的正确全面把握。综合方法按其本质就必须层层有序推进，建构关于认识对象的体系化知识系统。形而上学的构造方向应该与设立形而上学使命的逻辑运思方向恰好相反。以往形而上学常见的重大错误就是误用分析方法，其代价是掉进片面化陷阱。

存在批判以构成形式分析而存在。因此，形而上学的合理兴趣为对内在结构及其存在关联功能的发现和描述，而不是外在关联性的自然因果关系的勾连。但以存在物间的因果模型来进行形而上学构建活动——如果不是全部搬用至少也是作为一种形式掺入其中——却是形而上学家的积习。同时，存在批判的有限化特性要求根据寻求的终点，以一个无根据的根据为最高根据。联系综合方法，这也就是说形而上学应该以一个无前提的前提性的存在为建构起点。这一点直接为分析方法所违反。而对于思维来说，直接独断一个这样的根据是最方便，似乎也是唯一的选择。但是，独断与存在批判所内含的批判即寻求根据的旨趣和立意不相容，丧失其理性论证力量。而且，从思维的真理可靠性看，这也包含巨大的逻辑危险。因而必须使最高根据是有思维过程的，亦即思维经过认识活动而与之相遇并达到直观洞见。如何满足这个彻底批判的要求是保证形而上学理性论理力量的关键。引出最高根据的思维内容——可以称为纯粹批判思维——显然处于思维对象的存在构成之外，不参与对象的存在构成，否则即成为"根据"。而且对于纯粹批判思维来说，这最高根据的存在与否在逻辑上还是未知的，因为它正处在认识的过程中。就认识对象的存在直接被这最高根据所决定和定义而言，对于纯粹批判思维来说，对象的有无尚处悬疑之中。所以，纯粹批判思维的功能正在于寻找和碰触对象，或者说中性地发问对象的存在。由之可以确定，纯粹批判思维是形而上学的一个怀疑论开端。怀疑论开端作为思想疑问的逻辑可能性被形式逻辑原理体系所保证，即形而上学的逻辑运思已经针对特殊经验抽象地设立起一个可能的最高根据观念，只是其现实性和具体规定性尚付阙如。又，由于纯粹批判思维的预期结果是最高根据，而这最高根据作为"同一"之直接承担者在内容形态上按照先验分析要求必须是纯粹普遍的，所以这种纯粹批判思维也必须是纯粹普遍性的——特殊经验思维不能带给其结果以纯粹普遍性，在纯粹抽象的思想规定性中展开。纯粹批判思维是对发现最高根据的外在引导，推动思维走向与它的直接相遇。其提问起点应该是必然包含可能的最高根据或者说认识对象的存在的普遍思想观念。而相遇的形式为，这一最高根据在纯粹批判思维的某个环节上被一个确定的普遍概念所必然包含，或者说指示着这一最高根据。纯粹批判思维因为既外在于最高根据或者说认识对象，又显现纯粹普遍性，所以必然是纯粹形式性的先天分析命题。先天分析性保证它作为发现最高根据的思维过程不向最高根据附加任何实质规定，从而防止自己又暗中沦为关于对象的形而上学构造的一种根据。被如此严格限定的怀疑论开端，满足彻底批判关于最高根据的非根据化思维这一批判化要求。彻底批判的实现，既在正面上避免独断这一令逻辑理性所不能自安的现象，也在反面上消除怀疑主义对形而上学无穷后退的反驳和讥笑。而以往的形而上学都没有达到这种前提批判的彻底性。即便是笛卡尔的怀疑方法，也是对个别经验物的逐次反思，因而，既在逻辑上受经验开放性的影响而不能达到检索的完全性，又被经验认识的偶然性所限制而没有怀疑思维的必然性，同时也因对经验事物列举的经验直接性而未满足彻底思维化要求。

先验判断的形而上学方法意义在于，它规定必须以纯粹的概念统一方式搭建形而上学体系，指明只有在可以作为先验条件的纯粹普遍概念领域才有存在确定性产生。而且，也只有在这一先验领域，才能同时满

足综合方法和存在批判的要求。质言之，形而上学只能产生于先验田园。相应地，认识活动只有以先验观点才能理解存在。因此，形而上学必须以经验存在为对象，将其设在自己的彼岸作为统辖目标，而不是从经验存在出发。要想打破当代哲学中现代意识哲学这种理性形态与后现代主义这种怀疑主义的紧张关系，并超越后现代主义，重新找回认识和存在的确定性，就必须清除对哲学科学性的实证误解，躲开怀疑主义瘟疫的天然媒体——经验存在领地而返回和保持在纯粹普遍性领域内。

被哲学所揭示的先验原理，不但按照形而上学的意图承担维护存在意义的任务，而且以其根据的普遍性具有对其作用对象的逻辑规范功能，即只有满足其要求者才有可能是正确的，而不满足者必然错误。但是，绝不能把这种逻辑规范看成对对象世界直接有效的真理，可以代替对象之具体真理的探讨。其原因在于，先验原理与其作用对象在逻辑上相分离，先验原理具有抽象确定性，而其对象则是个别偶然的，可以由不同的个别对象内容实现出同一的先验原理所要求的关系。更为关键的是，就这些对象内容作为杂多本身没有真理性可言，只有依赖先验原理才能拥有存在性来说，正是先验原理赋予它们以真理性。只有对象内容间的某种联系满足先验原理时，它们才随之被确认为真理。也就是说，先验原理是真理的抽象判据。因此，形而上学的天然职能是生产先验真理以给出（经验）对象真理的标准：一种具有完备先验原理形式的对象内容间的关联或综合即为真理。

作为真理标准的先验原理按其预设具有普遍确定性和有限性，在其中，各个先验原理都处于普遍逻辑秩序之中，被派以相对确定的有效性。而有了标准的这种绝对确定性，对象内容关联的真理意义就是可完备描述的。具体真理的意义——包括相对性——在其可适用的标准当中。有效的生活真理——它必然关联具体现实内容——既不在纯粹先验界，也不在纯粹经验界——它不能以任何具体构造而自足产生关于自己真理性的逻辑品格的自我意识，而是在二者相切合的界面上闪现。成功的形而

重构先验批判：对反击后现代主义哲学的一种元哲学筹划

上学必然恢复人类的判断能力。

四 康德：一座不能续建的斜塔

面对休谟怀疑主义对人类知识客观普遍性的进攻，康德天才地创造了先验概念，把认识论引向先验领域来克制怀疑主义，辩护认识的可能性。通过哥白尼革命，康德把知识的基石从客观对象搬运到自我主体中，又利用主体先验知识的普遍性掩埋休谟所主张的认识的主观性。可以说，康德的哲学先验观点为人类开发出一种拒斥怀疑主义的新型资源。但是，由于哥白尼革命仍然滞留在主客二分框架内，康德不得不在逻辑上设立一个"物自体"来安慰实在怀疑论而全力对付知识怀疑论这一怀疑主义的近代新生近敌。因此，就休谟怀疑主义包含古代实在怀疑论而言，康德仅仅反掉了休谟怀疑主义的一半即认识的主观任意性，而保留了另一半即实在的客观真实性的不确定性。康德没有勇气和力量把先验批判指向存在。在这一点上，即使后来的黑格尔也不能做到，尽管在他的逻辑学体系中谈论着客观世界，但也只是徒有其表。因为，就其客观概念仅仅意味着主观精神把自身设立为对象并获得普遍性而言，他还没有达到实在怀疑论所指的那种客观存在，而仍然是康德的客观概念——主体间普遍性，只是为它落实了具体存在方式——社会实践。

康德所开辟的先验哲学传统在抵制怀疑主义过程中的这个漏洞，旁证其形而上学建构的失败。形而上学按照其逻辑预设，应该而且能够达到对世界存在的解释。依据形而上学思维的逻辑根源所阐明的形而上学标准形态，为具体诊断康德哲学的纰缪提供了科学和系统的依据。

受其反击认识主观论这一特定任务的局限，康德关于智性的先验批判被定性为知识普遍性的辩护。而康德过于狭窄地处理这一问题，仅仅关注知识的普遍表现形式而把其根源追溯到直接与知识相邻的逻辑形式环节。对于逻辑，康德则以在其诞生之后内容体系的历史稳定性而坚信它的完备和正确，不再考察和追问。一个批判哲学家在此非批判地容忍了一个历史学思维习惯。这个关于逻辑的独断，直接把康德关于知识普遍性问题的批判的形而上学，限定为逻辑批判。而就逻辑体系不表达一种存在构成而言，逻辑批判不具有存在批判意义。也就是说，在康德的先验批判体系中，错误地用逻辑批判替代了存在批判。这使得康德的先验哲学被注定不能解决任何关于存在的问题，也绝不能由之发展出可能的关于存在问题的答案。因此，在逻辑上，曾比较成功地抵制了近代经验论的怀疑主义的康德先验哲学，绝不可能被用作反击以存在构成为焦点的后现代主义的基础。

起点的逻辑独断使康德同时触犯了形而上学的两个规范即经验超越性和彻底批判性。没有哪种理性独断可以远离经验，否则就不可能在离开了理性思维的条件下而想象有独断内容的来源。理性独断必然暗通经验。被康德所独断的逻辑形式，在它们的创始人亚里士多德那里就来源于思维经验的归纳，而不是统一的理性推证的发现。因此，逻辑独断是设置了一个需要推论其理性根据的根据，没有满足作为形而上学可能条件的存在批判所要求的彻底批判，需要补写某种纯粹批判思维。但是，这个任务绝不是在康德形而上学体系内可以直接完成的简单修缮，而是必然要打破其体系，在一种新的形而上学体系中才能完成。因为纯粹批判思维只能针对最高存在构成形式，而逻辑形式并不表征一种存在构成。显然，只要残留独断，就不可能有思想的理性清晰性并获得压制怀疑主义的不可置疑的论证力量。

在形而上学的方法维度上，虽然康德具有综合的理论意识，并努力实现在其批判哲学中，[①] 但是由于他只能把批判的起点落实在智性活动的不同现象上，所以他设想的综合起点"主体"源泉变成了徒具象征意义的形式，并不能发挥对知识统一的逻辑说明作用。最根本的缺点是，赋予主体以统一功能的"我思"仅仅是一种自然存在关系，其中之

---

① ［德］康德：《未来形而上学导论》，庞景仁译，商务印书馆1982年版，第160页。

"我"在康德用作出发点时仅仅被给予了抽象的同一性,由之可以设置逻辑统一功能,但并未揭示其内在存在,因而并不能从中理性地分析出感性、知性、理性。主体的这三种认知功能实际上是依赖对思维经验的观察分类提出的。

康德先验哲学的逻辑批判定位的后果是必然漏失真理论。由于直接接触对象材料的知性范畴是纯粹形式,作为一种主体的认识活动功能而存在,只是不受材料特殊性影响的知识的构成手段,所以它们不能处理形式与质料的结合问题。显然,思维形式不是可以任意施用的,但康德先验哲学缺乏形而上学所要求的材料参与观点,因而不能在形式的何种材料运用为合法问题上有所作为。也就是说,对于经验知识即存在之特殊内容的特定组织的可接受性,康德先验哲学不可能给出积极的判据。他所提出的知性范畴不可超验使用这一消极规范,只是划定了理性认识的边界,并未阐明边界之内的认识正确性条件。防止形而上学超验谬误还需与一般认识错误的鉴别相结合,才能成就完整的真理论。而一种完善的真理论的意义正在于阐明存在构成问题。作为一段历史,康德先验批判在真理论上的先天缺陷,既是现代意识哲学兴起的根源,也是怀疑主义以后现代主义形式复活的根源。现代意识哲学相对康德的进步正在于提出现实意识存在的内在构成即存在形式问题,但不幸的是却付出了倒退到具体的经验内容之中而被存在特殊性所纠缠的代价。

五、意识批判及其前途

后现代主义的逻辑延伸是各行其是的廉价民主,这种民主的偶像即古代犬儒。它不啻在存在领域内进行的一场"捣毁神像"运动,一切确定性都必遭扫荡。其自然后果是,给社会实践和理论认识带来巨大危害。可以说,对不断追求健康生活的人类来说,它是一个不祥的兆头。理性曾历遭劫数,但以往都幸运地成为反思的契机,在认识的深化中转化为历史进步的一环。现在,意义和价值的直觉信念正呼唤对后现代主义进行反击，再现历史的辩证奇迹，向世界灌注更丰满通透的灵魂。这是自康德克服近代哲学危机之后，哲学所面临的最严峻——乃至出现哲学终结论——的时刻。

找回存在和确定性，这就是时下哲学的使命。

由此，哲学重又与形而上学结缘：不但那种关于存在原理的学问在历史上一致地被称为形而上学，而且存在追问必然追随逻辑递归方向而具有超越经验的结构。

然而，当前哲学的形而上学选择并非仅仅是实用主义的反应性临时对策，而是另有其深刻的逻辑必然性。怀疑主义和形而上学都信赖同一律、矛盾律、根据律这三个基本逻辑原理，只是对它们的运用程序不同。但是在这两种不同的运用程序之间并不具有同等的认识论的和逻辑的价值。形而上学从矛盾律到根据律再到同一律，这种逻辑运转承诺抽象思维的有效性，确立了存在同一的非经验方式即概念方法，从而充满气魄地走迂回构造之路，在追求整体化中期望一种大型同一。形而上学是解决问题而不是取消问题的道路。这种做法与其出发点即对逻辑律的思维是一致的，思维在两种情况下都被认为是有效的。而从矛盾律到同一律再到根据律的怀疑主义则把存在同一性局限在具体的个别事物之内，缺乏关于存在同一方式的想象力，拒斥概念思维而局限于经验层面考虑问题，客观上限制或取消了思维的反思作用。怀疑主义仅仅是取消问题。更大的问题在于，怀疑主义是自相矛盾的，即它进行怀疑主义论断本身就是一个思维过程，而怀疑主义却否定思维的有效性，具体表现为它在进行判断而同时却反对做判断。这种逻辑矛盾使怀疑主义不能被任何有健全思维的人所信服。因此，形而上学对怀疑主义具有逻辑优越性。尽管形而上学的历史表明它也是一条充满魔鬼和陷阱的道路，但却是哲学淘沥存在的唯一可以寄望的技艺。哲学只能不断重试形而上学。

虽说一种可能成功的形而上学被制限在先验区域内，但因以康德为代表的先验哲学传统在逻辑上存在先天缺陷，却不可续建以应对哲学的当前形势。因此，面对形而上学探索要求，哲学必须首先审慎进行关于形而上学方向的元设计。形而上学要求一个最高根据，而按照先验领域的普遍必然性，特定的起点就注定了先验分析的展开。因此，重建一种形而上学意味着重新寻找安固的起点。从这种意义上说，哲学的进步仅仅是起点的恰当移动。

按照存在批判这一形而上学的任务，它应该进行整体存在性的构造，存在是它的课题。而综合方法要求这种存在分析以一个最高根据为起点，在存在论题内，这也就是要求以最高存在的确定为体系建构的支点，由之诱发形而上学的有序扩展。因此，这个最高存在不是在认识道路上可以首先论定的存在那种认识序列意义上的第一存在物，而是具有直接的本体论基础这一价值的存在，它内在地支配存在图式和秩序。就此而言，笛卡尔把"我在"作为第一哲学的起点是一个巨大错误。在存在批判和综合方法之外，形而上学还必须满足先验判断这一条件，即"最高存在"必须处于先验普遍性领域内。也就是说，最高存在绝不能是一个具有经验性的具体所指物那样的实体性存在，而必须是某种普遍的思想概念或者说纯粹的存在形式。无疑，这个纯粹的存在形式就是存在概念。而按照存在批判的彻底性所要求的纯粹批判思维设置，不能独断存在概念。因此，形而上学的首要课题就是弄清存在概念。

存在高于逻辑，因为逻辑本身是为了存在的，每一逻辑规律都是为使存在可以被思维理解和接受而设立的。因此，把哲学追问的起点放在存在上，肯定是对康德的逻辑批判性的先验哲学的超越。

然而，难题在于如何批判而不是独断地获得存在形式，首先就面临如何确定存在概念的寓所问题。

存在的确认是一个思想事件。因此，无论是常识的存在意义还是哲学的超越性存在概念，都不能逃逸于思想之外，必然在思想中有其根源。即使是外在的实在观念也是思想的一个设定，有其思想起源。我们所谈论的存在，必然在思想中有其规定。思想不可能触及自身不能容有的东

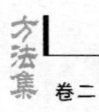

西。存在概念的所属指点存在分析的方向。存在概念为思想所拥有。因此，必须采取纯粹的思想考察形式追问存在的意义。

思想在自身之内独立地拥有存在概念表明，它本身就具有这存在概念所指示的规定性。因为，其他一切观念均待存在概念确定存在性，而存在概念本身亦为一个观念，所以，存在概念只能来自普遍的纯粹思想本身。思想本身也必然拥有这种存在，因为具有封闭性——不能触及自身所没有的东西——的思想不可能提供其自身所没有的东西。思想只能把其自身的现实构成提升为存在概念。思想的自我意识结构为此奠基。思想的自身确认表明，它已经把存在概念运用于自身。既然纯粹存在属于意识，而意识作为一种存在也同时被这纯粹存在所断定而确立自己的存在身份，那么意识的存在本身就同一于这纯粹存在（概念）。意识正是意识到自身的这种存在形式而将之作为存在概念的。换言之，意识自身的存在是其拥有存在概念的源泉。

常识的存在概念以及与常识一致的传统的哲学存在概念——在思想之外而客观伫立——的重大失误在于，它作为存在概念却在其定义结构中决定性地带有片面化疏漏，即在断言存在时逻辑地把断言存在的观念这种存在排除于存在之外。因此，常识的存在概念使得存在残缺不全。其后果在于，奠基于残缺的存在圈划之上的存在哲学，不可能达到其普遍有效地把握存在的目标。根据上面对存在概念居所的分析和定位，这样的存在哲学甚至已是从根本上走错了方向。

在把意识存在确定为存在概念的本根之后，形而上学所内在要求的存在概念追问，就深化为对意识的构成或者说显现形式的分析问题。思想在运用着存在概念说明，它拥有"存在"的构成条件和内容，因而具有通过思想把"存在"的构成原理揭示出来的基础。同时，"存在"属于思想，揭示它的也是思想，在认识者与被认识者之间具有同质性即存在同一性，没有存在间距那样的认识论障碍，而且意识本身具有"透明"性即自我意识，所以，对于存在的追问仅仅是思想的自我体现，具有现实的可认识性。意识存在与纯粹存在同一这种存在论结构，与存在作为思想形态而被提出一起，展露意识存在为存在追问的恰当切入点。

对于形而上学，相应于它所追求的存在概念的纯粹普遍性，必然向意识存在分析提出普遍性要求。任何从特殊出发的思维活动都逻辑地沾染不能褪掉的特殊性色彩。因此，其任务就是发掘意识存在的普遍形式——只有纯粹形式才能达到绝对的普遍性。而一物之普遍形式即构成该物之现实存在的条件和规则。在对这种作为条件和规则的普遍形式的完备揭示中，即划定该物的存在界限，为其刻画出可能的存在状况。在逻辑上，这些可能的意识分析结果，正是意识的纯粹存在的规定性，表达着为存在概念提供范本的意识存在的实际性。按照对批判的哲学理解，这种内容构成对给定意识存在的澄清，属于批判思维。因此，以形而上学观点所筹划的意识存在分析构成意识批判。

后现代主义的要害在于反对意识的现实存在确定性。就它构成对哲学存在和发展的挑战和刺激，客观上诱导哲学去发现意识批判主题而言，也许可以说它作为哲学思维的一种历史处境所发挥的提示作用，恰好偶合形而上学的本真逻辑起点。

意识批判具有一般形而上学的特征。在其存在构成形式分析意义上，它显然是一种存在批判；从构造意识存在的系统原理出发，综合方法为其所内在要求；而寻求纯粹普遍的意识存在规定这一点，决定它必须采取先验判断形态。由此，意识批判成为形而上学的一部分和开端，并为自己规定了由纯粹批判思维直接而无独断地发现意识存在的最高普遍形式的任务。

前提批判的彻底性具有很大的思想难度，这为以往一切形而上学均不能达到所旁证。它对思维操作技术做出单一的先天分析规定，而且又对切入点具有苛刻的要求，即着手对象必须碰巧在逻辑上与纯思一致。意识批判被赋予形而上学起点意义之后，改变了这一问题在历史上所一贯表现出的艰难外观，使之具有逻辑乐观性。

作为形而上学序曲的纯粹批判思维要求采取先天分析命题形式。根据对意识存在与存在概念关系的阐述，二者具有在思想领域中的自相关性，即存在概念根源于意识存在的普遍构成形式，而意识存在也在自身之内自觉到存在概念并将其运用于自身。这说明，意识存在和存在概念之间具有分析性关系，可以必然地互相引出对方。但受意识批判主题限制，形而上学彻底批判的任务演变为，在存在概念所确定的区域内寻找意识存在的普遍形式。因为这一活动被限定在纯粹普遍性水平上，所以其实质为从存在的思想意义或所指中寻找"意识"这一普遍存在物（观念）。存在关系的分析性为展开寻找意识存在的思维提供了可能。

纯粹批判思维的分析结构，要求按照批判本意用一个思维过程中介来连接作为主辞的存在的思想意义和意识存在的本质规定。这就决定二者具有分离关系，不可能在提及主辞时就能立即断言意识的存在形式甚至其有无。因此，纯粹批判思维具有疑问结构，即在形而上学问题的诱导下做出一个怀疑论式的提问：在存在观念的思想指涉中有"意识"存在的普遍概念，或有意识存在吗？同时，在开展这个怀疑论式的提问时，按照彻底批判要求绝不能以一个判断开始，即其第一条语句不能是一个命题。因为，如此则这一断言就不具有思维根据，而必须从设置准备从其中引出所求对象（意识）的主辞（存在）开始。但主辞之规定当然亦受此限制而不能以直接命题形式给出其定义描述，而必须从其存在表现的普遍形式——有某物——入手分析其思想意义，以便赋予其"思维—结论"形式。以纯粹普遍思想开始的分析思维过程决定其所得之结果——假如能够获得的话——也必然具有纯粹普遍规定性。把"有某物"作为存在概念的表现形式并没有违反前述规则，因为这只是一个存在概念的形式化运用现象，同时也并没有因此给"存在"附加什么实质规定，存在概念没有任何变化地作为其中之"有"而待分析确定。

关于意识存在或意识最高普遍构成形式的纯粹批判思维，构造了一种特殊的非独断论证。以其结果为起点而开始的意识存在的先验批判担负着多种功能，或者说逻辑上可以实现诸多认识任务。第一，以意识之最高普遍存在规定开始的综合认识活动，按其本质可能性，要依序推导出意识的一切先验形式内容，并最终发现其普遍构成结构或者说普遍存在形式。因为按照先验的本质，它作为经验存在的根据，必然要到达经验并形成对现实经验存在的直接规定。它的纯粹普遍的思想思辨性——这已为关于形而上学条件所论述——所具有的可能内容间的必然联系，保证这一先验分析过程能够贯彻到底。

第二，逻辑是思维自身的自我立法，目的在于保证思维的合理可接受性。根据存在相对逻辑的优越地位和意识对存在标准的根源性，可以断定，逻辑是意识内在地根据自己的存在构成形式而提出的要求。因此，从意识存在构成形式应该推导出逻辑形式系统，或者说为一向被赋予公理地位的逻辑发明出统一的论证。在逻辑的这一论证水平上，其本质才能得到清晰把握。另外，直观的事实为，语言是对意识的表达，因此，也必然能够从意识存在构成形式中推定语法体系。

第三，由于一切可能的认识活动都必然以一个现实的意识存在为起点，而且也必然在每一环节上采取意识存在形式，所以认识的发动和一般过程的根据，必然包含在意识存在的普遍构成形式中。

第四，意识存在的普遍构成形式作为思维之源，必然决定思维方向以及不同思维结果间的意识存在关系的安排，因为这种关系本身就需要通过意识来实现。也就是说，思维的有效性情形和最终前景可以根据意识存在普遍构成形式加以论定。进而，意识存在领域内普遍的真理确认机制和关于存在的组织方式就可以显露出来，最终回答真理和存在问题，了断当前哲学中怀疑主义与形而上学之间的论争。

结语：意识批判所完成的仅仅是对意识存在的形而上学先验考察，但是它却具有重大的形而上学普遍意义。这不只是由于它按照形而上学体系的设计被要求作为切入点，为一切可靠的形而上学所必需，而且更因为形而上学本身就是一种认识活动，必须遵守意识存在的形式和规则，换言之，意识批判的结果必然指导和决定此后的形而上学续展，成为发展形而上学体系的方法和规范。因此，意识批判具有形而上学双关性，既是形而上学的开端，又在为形而上学立法，即作为形而上学的灵魂弥散在可能的形而上学体系之中，成为形而上学的标准。有了意识批判基础，形而上学就彻底终止了其任意妄为、缺乏判据和犹疑迷惘的历史，一举成为拥有完全自律和自立能力的科学。

使哲学赢得知识尊严的普遍方法*

——兼评康德改造形而上学的失败教训

自从自然科学取得辉煌成就而成为知识的典范以来，哲学就满怀科学化冲动而不断试图消除自己面对自然科学时的羞涩。康德所掀起的理性批判运动正是这种思潮中的最伟大壮举，他相信他的先验逻辑能够让哲学步入稳定的知识建构和发展轨道。但哲学的不良的后康德历史现实以及对他的理论的批判性分析表明，康德远未实现对形而上学的成功改造。并且，哲学的自我改造的失败加剧了哲学舞台的混乱，引起哲学的弱化，甚至出现极端的哲学取消论。因此，哲学亟待重新展开关于自身科学化的可能性的反思。问题的关键是，要澄清哲学知识的特殊本质并追问其认识有效性标准和完备的实现方法。

一 哲学的知识论定位

所谓知识就是对分离内容的综合，在主观中建立起它们之间的存在统一性。因此，知识是对给定内容进行反思的产物。不同地位内容间的归属关系和平等地位内容间的共存关系是知识所可能有的两种形式。因为，作为分离内容间的综合，就必然包含个别内容之间平等的直接关联，同时也必须有不同内容之间的归属性关联，并使这种归属向着收敛方向

---

* 该文发表于《江海学刊》2011 年第 5 期，发表时标题是《对形而上学构建方法的历史批判和逻辑再造》。

发展，这是被综合所决定的。综合的最终理想是走向单一从而消除分离，它必须通过归属这种关系类型来实现。但如果仅仅具有归属关系，则不具有归属关系的分离内容之间就缺乏综合关系，从而使综合必然出现缺漏。在归属关系中，占有归属地位的同一内容享有众多所属内容，而且在逻辑上具有开放性，即拥有不定数目的可能所属内容，因此赋有逻辑普遍性。而在共存关系中，关联内容具体确定，特定的关联关系必须在特殊的同一内容所指条件下才能成立，既包含关联内容的存在环境的同一，也包含参与关联的特殊内容的严格同一，因此是存在同一性或者说存在普遍性。在知识的这种结构图谱中，一类是经验知识，即直接经验内容之间的共存关系，它们构成知识的外围，一类是概念知识即概念本身以及概念之间的共存关系和归属关系。在此，概念是指那些具有逻辑普遍性的对差异对象内容的统一把握，给出关于可能的不同存在内容间的统一存在的方式。概念的诞生是这两类知识转换的边界。在与可能的差异存在内容的联系中，概念以其对不同存在个例（变动的不同存在内容群）的统摄能力显现出抽象性和普遍性。一方面，在逻辑上，概念的这种普遍性具有永恒的对象开放性即相对给定个例概念管辖范围的不断延展性，因此不可能从特殊经验存在内容中确定地观察或必然地推出。其原理相似于康德关于理念的超验性的论证。而当强制限定一个概念的外延时，该概念就失去了对可能存在对象的统摄，从而也就失去了逻辑普遍性。另一方面，经验内容既然是分离的，就不可能在其中包含可经验观察的统一内容，亦即不能从中直接经验到概念。这意味着概念的形成相对其统摄对象具有逻辑跳跃性，不论对多少个例的归纳所形成的存在普遍性都不能达到概念的普遍性，二者之间在认识上必然是不对称的。[①] 也就是说，概念具有超

[①] 这种证明是否定性论证，具有强于康德对先验逻辑的设定的力量，因为它不必像康德那样预设一个认识论前提，即经验认识带有偶然性，因而必然性来自主体。它似乎类同于康德对先天知识的存在的证明，但这是一种混淆，因为这里并不是在设定概念的存在，而是在说明概念产生的认识方式，它的证明基于否定逻辑，因而是一种强论证。

验性，它指向经验，但其设立却是非经验的纯粹抽象思维的主观存在事件，包含相对经验的超越性和创造性。"超验"带来存在关联确认的非逻辑必然性。康德的图型说则主张具体概念是可经验的，从而把概念的形成理解为某种机械的必然过程，但"形象的综合"的创造性迫使他引入"想象力"有力地见证了其破产命运。

概念的超验性由认识上的逻辑断裂构成，即不能由经验认识所直接形成而必须介入相对经验的异质思维来完成，而并非专指概念内容与经验内容的不相干或凭空杜撰。这种逻辑超验是一种弱超验概念，而后者是一种强超验概念即附加了更高内容特征要求，可以称为存在超验。存在超验一定是逻辑超验，而反之则不然。在逻辑超验概念下，经验有效的概念仍然是超验的。

概念是走向收敛性综合的第一步和基本形式。概念因其对象特殊性而必然带有特定规定内容，因而可以产生差异的诸多概念。同时，针对不同的概念，知识的综合必然要求展开更高级的以给定概念为基础的概念抽象认识和概念间关联的认识，形成超验的概念思维。

从上述知识结构可以断言，知识以概念为界限被分成两种类型，一类为概念知识，一类为关于特殊存在内容的经验知识。概念知识由概念的普遍性所决定，只能采取必然性形式，因为概念内容的普遍性使其在存在上具有单一性、确定性，它们之间的关系由之而具有绝对的现实性，没有发生或不发生上的偶然性。同时，经验知识以同一的存在内容为成立条件，其效应体现为存在的重演，因而具有适用上的特殊性。根据对知识形态的逻辑分析结果，概念知识即为哲学，经验知识即为科学。[①]因为一旦进入概念思维，认识就处于超验领域而成为一般的形而上学，所以哲学也就是形而上学。康德过度缩小了哲学或形而上学的范围，他仅仅把关于理念的思维或以理念为根据的思维确认为哲学，而遗漏了所

---

① 崔平：《关于哲学本质的一般知识形态学演绎》，《社会科学战线》2009年第1期。

有可能的其他概念思维。从以上所述可以引出如下论断：哲学是知识结构中必不可少的，承担终极知识形式的造就功能。但是，哲学论断的抽象性使其失去存在直接性，无条件限制性使其失去认识上的具体针对性并增大认识困难。这一切都使得享有更高逻辑品质的哲学认识却缺乏科学那样的有效性。科学正是在其严格的对象限定和关于认识效力的具有自我限制意义的界定中，表现出断言与现实的高度符合即理论的现实兑现能力。在科学的映衬下，仅仅从认识的有效性上看，哲学似乎流于浮夸，很少严格兑现其承诺的力量。于是，在巨大的认识效力表现的反差中，科学成为知识的标准或理想，而哲学失去了应有的知识尊严，时而遭到拒斥和嘲笑。

不考虑一种知识的内在规定和特殊认识目标，外在地强迫它与另一种知识的效力样式相比较，这种做法有失简单和盲目。在哲学史上，一直缺乏关于哲学本质的有效反思，因而助长或者至少没有克制对于科学概念的片面理解倾向。合理的做法是，在确定哲学知识的本质功能基础上制定关于哲学的科学意义和标准，而哲学认识的功能取决于哲学这一认识形式所能包含的内容及其在现实存在中的地位。在哲学知识的形式中能够包容什么的问题，可以依据判断的宗旨即对不同内容间的关系的肯定或否定来确定。① 而对于哲学的这种内容可以依据哲学知识所对应的存在意义进一步加以限定。哲学知识表现出概念统摄中的统一性，它虽然指向现实中的诸多分离存在的经验对象，但在逻辑上却拟设它们为单一的（普遍）存在物，并不关注它们特殊的分离存在事实。因此，哲学知识总是作为对单一对象的内在存在构成的论断而存在，因而不容把不同存在内容作为存在上可分离考虑的事物来看待。换言之，分离的存在及其相互关系绝不在哲学认识的范围之内。其必然认识效应为，自然因果关系被排除在哲学认识之外，只有交互作用关系才是哲学的论断内

---

① 崔平：《关于哲学本质的一般知识形态学演绎》，《社会科学战线》2009 年第 1 期。

容。另外，由于哲学是概念知识，它作为普遍存在本质相对现实存在只占据必要条件地位，所以尽管在哲学中判断以对存在条件的肯定形式出现，但实质上只能发挥对可能的现实存在的否定作用，即不满足者必然不能如是存在，而满足者并不必然现实存在。也就是说，哲学知识本身表现出肯定这一逻辑形式，但其间接的存在意义却是否定，享有否定的充分有效性。与哲学命题的这种内容特点相对应，衡量哲学有效性的标准就不在于对现实的具体符合和直接支配上，即不是对现实存在的预见而是对存在可能性领域界限的描画，才是哲学真理性的考察对象。可以进一步论断的是，由于哲学以不可量化考虑的普遍概念为认识对象，所以数量关系不能成为哲学知识的内容，相反，只有存在内容之间的逻辑制约才是哲学知识的可能内容。

哲学通过概念对经验内容的普遍存在地位和存在制约权利取得对存在的认识效力。哲学设定存在的普遍的"是（什么）"和具体存在的"目的"或"形式"，在存在内部建立起存在的价值追求结构。这种关系集中表现为哲学与科学的某种关联。哲学关注的是具有逻辑普遍性的事物属性（本质）之间的逻辑关系，科学致力于实存事物间的存在关系。而从根本上说，二者之间是相通的，即哲学中的逻辑关系必然指向和落实为存在关系，反过来，科学中的存在关系也必然要追求知识的统一而遵循逻辑关系，违反逻辑的存在关系对于人类理智来说是不可理解和不可接受的。就此透露一个信息：哲学与实在、科学与逻辑都是相容的，在认识目标的推动下，哲学与科学必然努力趋向交会。但是，知识形态的异质性不会容许它们实现连续性的合一，而只能发生带有间距的作用。

哲学性知识具有概念普遍性，在逻辑上享有对特殊实存的规定权能，也就是对科学性知识具有限制能力。但这种限制规定并不能直接生成关于存在的知识或命题，而只能预设科学问题。首先，由于逻辑普遍性内容正是在相对诸多可能的特殊差异内容条件下而成就自身的，并在指向它们和作用于它们的功能中取得存在意义，没有了现实的特殊内容也就失去了自身的支撑，所以哲学离不开现实存在内容。但是，这种现实存在内容只能处于哲学理论的外缘或者说边缘而不能融入哲学理论之中，因为否则就会失去逻辑普遍性而演变为存在普遍性，即诸多存在内容在不同时空存在中由它们的同一性重现所显现出的普遍性。这造成哲学理论与现实之间的二相分离和粘连状态，现实存在内容围绕哲学理论构成其边缘。其次，在这种二相一体结构中，哲学理论对现实存在内容采取"超距作用"形式，即按照其逻辑普遍性所具有的对可能差异内容的限制和支配关系，将自身作为抽象的普遍规定性或者说形式加于现实存在内容，从而针对作用对象作出"应然"判断，即断定应该呈现何种构成形式。这仅仅是提出了一个认识任务，而不是完成了一个认识任务，并不能给出具体结论。因为以特定现实存在内容去满足给定形式，必须考虑特殊内容之间的特殊关联要求并创造性地具体设计和完成。而这一任务按其性质已经落入实证科学思维形式，并不属于哲学范围。也就是说，哲学仅仅向现实世界设置一种有待完成的理想或形式，展示进行某种存在关联的可能，通过规定事物之所是而规范事物的发展方向和存在使命。显然，哲学面对现实而站在现实之外（上），向现实发出有待继续进行认识和实践的任务。总之，哲学牵连着科学，并可作用于科学，但其逻辑形式为"应当"，所构成的是关于科学的"祈使"语句。

当然，哲学对科学的这种祈使关系，并不是无条件普遍发生的，而是以两者具有对象关联为条件，即或者对象同一或者对象有相属关系。因为在逻辑上，逻辑普遍性的效力被限制在特定对象范围内，一个对象的概念只能作用于它所直接或间接管辖的对象的特殊内容。

另一方面，科学知识作为哲学知识的连带边际，也并不是只消极跟随和适应哲学知识状况，而是可以通过哲学的内在知识品质向哲学提出改造请求。其原理为，哲学的逻辑普遍性具有对差异对象的包容结构，它内在地要求扩张自己的对象区域，在极限上即为囊括所有可能的事物。这也正是哲学一向具有某种形而上学大全冲动的原因。但是，任何作为逻辑普遍性具体实现载体的概念都具有特定规定性，同时也相应地具有特定的对象涵括能力。因此，哲学只能作为有限哲学而拥有有限的现实边际。这是一个来自哲学结构的内在限制，因而尽管可以一再扩展，但永远不可能一劳永逸地获得万能哲学——带有包容一切可能对象的开放性现实边际。哲学只能以给定的现实边际为自己的作用对象，并随时准备适应新的现实存在现象的涌现而调整自己。在逻辑普遍性的内在扩张力量作用下，哲学开放性地和无条件地把一切可能的事物抽象地拟设为自己应该努力说明的对象，因而它的"现实边际"要求包括各种各样的事物和问题。由于普遍内容与其作用对象之间具有存在上的互相制约和选择关系，所以现实边际的变化可能或必然引起哲学的变革要求。而逻辑普遍性不断推动哲学吸收新的对象。因此，哲学理论的有效性是非常脆弱的，经常面临调整或革命的任务。其直接结果是给哲学带来活跃的历史性，即不断发生哲学理论的淘汰和埋藏事件。

不过，科学向哲学提出的这种"请求"在认识功能上弱于哲学对科学的"祈使"，因为在逻辑上特殊并不能限定普遍，"请求"并不能把科学知识本身的内容直接转化为哲学知识的规定性，而仅仅是无具体规定性的纯粹形式化的统一要求。换言之，出现一个怎样的相应哲学知识并不能由科学知识进行任何描画，而只能由哲学认识去自由设置。因此，从科学中不能"总结"出哲学。相反，哲学对科学的"祈使"却由于其间的相对逻辑地位而带有必然性和内容确定性，是一种强规定性。总之，哲学与科学之间的交互作用在本质上是"祈使"关系，而且，它们之间的作用关系并不对称，哲学的"祈使"强于科学的"请求"。

知识的完备有效性由逻辑有效性和解释有效性构成。上面所述为哲学知识的解释有效性，即对可能作用对象的适用正确性。解释有效性对于哲学而言就体现在它能够向不断涌现的经验现象提出具体的存在建构问题。但是，由于概念与经验现象之间存在认识上的逻辑断裂，不具有连续的和必然的过渡关系，不能建立概念的适用对象的确定规则和识别标准,所以哲学的解释有效性不可先验判定,其有效范围只能在给定经验的存在问题的解决中加以有限肯定。哲学只能在与经验的遭遇中激发问题而不能期望预言存在。

而哲学的逻辑有效性则由知识内容本身的内部关系即一致而不矛盾和论断上的必然性所决定。前者为纯粹的形式标准,有内在矛盾的哲学就必然是不可接受的,后者为知识内容的逻辑属性问题,本质上属于方法论范畴而不是认识的历史范畴,因为知识内容的逻辑品质只能当下在获得它的方法中来确定,而不能推迟到知识的历史表现中加以事后检验。本来,认识对象的历史变动引起知识的变化就是一种正常现象,知识有效性的断定并不以适用对象的无限包容为条件,而只论究认识过程及其结论的必然与否。对于哲学而言,对象的变动包含着知识有效性发生变化的可能性。哲学构成内容的普遍性要求在其所指对象范围内的知识构成上的体系性和唯一性,但概念生成的创造性却内在主观性和偶然性,因此在缺乏对概念生成的必然约束手段条件下,必然造成哲学体系的可变动性和可选择性。其直接认识效应为,表现为以必然命题所构成的哲学知识却在整体上显现出偶然性。对于哲学知识来说,由于作为其认识对象的概念具有普遍性和确定性,并且过程为逻辑思维,所以逻辑有效性具有直接的可判定性。要言之,拥有对存在可能性的设想力量并具有逻辑有效性的哲学知识就是确定和可靠的,因而属于科学范畴。

二 分析的形而上学与综合的形而上学

根据哲学思维的纯粹概念性以及概念的超验性,哲学知识必然表现出形而上学特质。但是,如何获得哲学知识却具有方法论的选择偶然性。收敛性层级结构是哲学知识体系的逻辑形式,在其中,形成相对的规定和被规定、普遍和特殊、形式和内容的关系。这种结构使得哲学知识具有确定的两个逻辑端点,即最高概念或原理与最低概念或原理。因此,虽然哲学知识的体系性使哲学知识内部具有必然的相邻关系,不容随意变动它们之间的相对关联或增删某些内容，但从认识的展开秩序看，哲学思维却有两种可能的方向，即或者从最普遍概念和原理推向相对高级和最低级的普遍概念和原理；或者相反，从最低级的普遍概念和原理到相对高级的和最高级的普遍概念和原理。前者采取知识内容的放射扩展形式，后者则呈现知识内容的收敛和归约。按照一般方法论观念，前者属于综合方法，后者则是分析方法。相应地，就有分析的形而上学与综合的形而上学。除此之外，传统方法论观念下的其他方法都不能作为哲学的认识方法，概念的超验性使具有彻头彻尾经验性的归纳方法不能用于哲学认识之中，而哲学认识的知识扩展或者说对存在的规定具体化则排除传统三段论式的演绎方法，因为在其中只是把普遍的规定逻辑地机械添加在相对特殊的事物上，一来没有实质增加认识内容，二来也必然表现为概念或原理的外延性使用，突破存在的内在规定而触及不同存在对象，从而超越哲学思维的本然范围即概念间关系而转变为概念的经验使用。

关于分析与综合的一个流行观点认为，二者是互逆的，即分析与综合必然经历相同的认识内容，只是方向不同而已，质言之，它们具有等价的认识能力。从存在的角度看，对分析与综合的这种理解是可接受的，也正因如此，它得以躲过理性的严格反思和审查。因为，根据关于知识结构和认识目标的预设，分析与综合指向相同的认识内容，而从知识的自然观点上看，它们表征了同一认识对象的存在构成内容。被存在的同一性和统一性所决定，存在的构成内容之间具有必然关联关系，从其中的任一内容入手都可以沿一定方向按照其间的关联秩序获得特定关联段的知识。另外，从存在构成的观点看，分析的起点是存在之果即诸多普遍条件参与的产物，也可以说必然包含它们于自身之中；而综合的起点作为根据也必然牵连其下位内容才能显现自己的根据品质。这导致一种认识，即所谓分析与综合的区别只不过是由果到因与由因到果的不同。因此，人们相信，无论分析还是综合，都能达到认识特定存在的目标并且能够获得相同的知识，换言之，分析与综合在认识功能上具有对称性。

然而，从认识的观点上看，分析与综合却绝不是对称的，即它们所能切中的存在内容并不同一，从而具有根本不同的认识能力。虽然粗略地从存在秩序的角度看，分析与综合处理的都是特定对象的因果关系，但是它们所涉及的因果却有自然因果与逻辑因果之分，因而并不行走在同一内容路线上。特殊性的存在内容是分析方法的认识起点——即使对于哲学的建构来说也必然如此，因而对于追寻普遍知识的理智来说就必然要上溯其原理或根据。而针对特殊存在内容只能在特殊内容范畴内思考它们的根据，因为人类理智只能设想同质事物间的作用关系。显然，分析所能设立的是在存在上具有分离形态的特定存在之间的因果关系。这一认识限制得到从特殊不能推出普遍这一认识规律的加强，也就是说从特殊存在内容出发根本不能设想得到普遍概念或原理的逻辑制约关系，而只能获得自然形态的因果关系。自然因果只能基于外部观察和现象关联分析而不能采用逻辑分析加以证实。同时，在存在的统一设定下，由分析方法所能设立的"原因"物也必然是某种抽象的"功能"的名词化符号，因为作为分析起点的特殊存在内容本身显现的是存在的分离，而思维的任务就在于为这些分离性找到统一的根源，发挥"拯救"存在的功能。但分离在本性上属于空无范畴，并不能提供认识的根据，因而只能抽象地相应以实体的名义为之拟制统一功能。相反，综合方法以普遍概念或原理为起点，因而，同理，理智必然以同质的抽象普遍内容作为设想存在内容之间关系的对象，在逻辑作用中展开普遍内容间的关联关系。同时，像由特殊不能推出普遍一样，从普遍也不能推定特殊的具体内容，因而沿综合方法只能获得存在的普遍内在构成形式，亦即考虑已经获得的普遍概念的逻辑意义来揭示它们之间相互作用的结果，而这正是存在的内在构成形式。就综合方法所阐明的是存在的决定关系而言，它涉及因果范畴，但这已经不是分析方法中的诸多存在之间的自然因果，而是关于同一存在的内在构成的普遍属性间的逻辑结构的因果关系，显现为逻辑因果。

从以上阐述和比较可知，分析和综合这两种认识方法具有完全不同的认识功能，分析方法穿越的是存在物间的外在关联和根据，而综合方法走过的是一个存在的普遍存在形式的内在逻辑历程。同时，两种认识方法所具有的逻辑效力也大不相同。因此，在逻辑上，它们之间的认识内容绝不仅仅是相向展开而可逆的，相反，它们指向不同的内容领域，不可能产生等效性的认识交叠，因此具有认识非对称性。

在严格澄清了分析方法与综合方法的认识功能差别后，需要进一步比较两种形而上学。从认识发生的角度看，分析的形而上学与综合的形而上学是两种可能的哲学表现形式，即都能够满足哲学知识的结构要求。但是，二者的内在逻辑关联结构和性质不同，具有不同的效力。从认识的逻辑结构和秩序看，两种方法具有完全不同的认识有效性。在综合方法中，可能的根据都在先展露，每一认识环节在逻辑上以完备的根据为推进条件，因而其结论是准确的和确定的。相反，如果采用分析方法即由低级概念到相对高级的概念来揭示给定认识对象的存在原理或构成根据，则在逻辑上陷入片面性，因为可能的诸多根据尚付阙如，每一认识环节都缺乏自己所当拥有的合格根据，即在根据不充分条件下进行断言，无法必然揭示事物本然具有的全面联系。其实质为，按照分析方法的认识展开的逻辑方向，它的论断根本不具有逻辑根据而只有认识发生上的对象限定意义下的根据。因为，在认识上占有逻辑根据地位的是相对高级或普遍的内容，它们直接限定处于下位的内容，但在分析方法的每一认识推进环节中，这种根据内容恰恰都是待论断的。相反，分析方法始终都在把已经给定的内容设立为进一步追寻根据和加以统一的对象，作为对象它们以自己特定的内容在认识上限定可能的论断内容，要求它们必须适应对象的解释需要。从存在论观点看，对象与关于对象的普遍概念或原理的论断是结果与原因的关系，它们不能折射为认识活动的原因和结果而造就一种必然推理，因为不仅其间存在因果方向的差异和冲突，对象作为结果在逻辑上不具有对有待作出的论断内容的直接决定作用，而且概念形成的"超验性"也使得分析方法的每一认识提升环节不能成为由给定对象内容出发的必然推理。因此，分析方法不能真正遵循理性的严格根据概念展开认识，在其中给定的不是认识根据而是认识对象即有待理论解释和统一的认识内容，认识的推进也只是使新的认识对象不断涌现。所以，分析方法始终是在抽象的统一目标牵引下对统一环节的设计，因而绝无对于论断内容的规定根据。由于缺乏理性根据，分析方法所确定的关联只能是抽象的和外在的，不能具体揭示关联的内在内容和结构，也不能保证关联环节的充分连续性，因而就不能在逻辑上保证满足哲学知识的存在形式和认识要求。而综合方法则活动于同质的概念之间，同时具有由认识过程中根据的完备性所决定的具体和内在地揭示存在关系的能力。

另外，分析方法是一种没有论断的逻辑根据而只有功能目标的认识，属于目的论推理的认识活动。在分析方法的每一个对作为根据的概念或原理的回溯性设置环节中，都仅仅宽泛地满足使待解释对象的统一把握成为可能的要求，而对那种作为根据出现的概念或原理的内容与被解释的概念或原理之间的逻辑匹配的严格性不能加以断定，即两者之间是否客观地紧邻，或者作为根据的概念或原理的内容是否可以删减，换言之它相对被解释概念或原理是否在逻辑上具有冗余性，都不能获得判定。因此，分析方法所确立的更高级概念相对下级概念为充分条件而非必要条件，因为在它们之间存在认识上的"超验"障碍，不能形成必然推理，而只能以设定一个能够使下位概念的存在成为可能的概念，并不能进一步确定这个概念是否宽泛。用康德的逻辑术语说就是，分析方法所展开的认识活动不是理性推理而是判断力推理。在分析方法中，思维不是在具有充分约束根据的条件下普遍概念或原理之间的相互作用和生成，而是这种必然推理之外主观想象的设定，在其中被设定的概念或原理包含满足给定认识对象的统一要求的能力。可以断定，使用分析方法所作的每一步追溯性推理在逻辑上都具有论断的不确定性，可以有不同的论断选择，从而相应地导致思想体系的多元性。相反，综合方法则由于其根据的充分给定而享有认识必然性和确定性。

综上所述，只有综合方法才能赋予哲学知识以必然性和确定性，从而帮助哲学获得认识的稳定性。

三　推动哲学进入科学状态的合格认识起点

在把综合方法确立为哲学的合法方法即可以使哲学在自己的知识构成内部具有逻辑上的确定性和有效性的方法之后，如何获得第一概念或原理就成为哲学科学化的关键，它构成哲学科学化的外部条件。因为，从逻辑上说，第一概念或原理作为哲学知识的最高构成要素，其获得问题已经必然处于哲学论断之外，是一个哲学外部的问题。第一概念或原理的取得可以有两种方式，或者是理性地分析和论断，或者是逻辑跳跃地独断。而独断的任意性和非必然性使得其后的所有哲学判断都丧失科学性，因此是科学的形而上学不能采用的方式。只有具有逻辑连续性的理性认识才是使综合的形而上学保持内在必然有效性的第一概念或原理的确认方式。从知识的认识发生结构上看，一切知识都从属特定的存在对象，依对象而设立，哲学也不例外。显然，关于对象内容的确立是触发哲学认识的认识起点，所谓第一概念或原理必然从之而出。哲学命题以普遍必然为逻辑形式，而综合的形而上学又要求逻辑上的普遍必然性，不容主观任意地赋予没有普遍必然性逻辑保障的命题以哲学知识身份，所以要求所有自己之内的哲学命题必须以具有逻辑普遍性的内容为判断关联项，承载命题所表达的关系。换言之，参与哲学命题的存在内容必须具有逻辑普遍性。而由概念的超验性所决定，从具有特殊性逻辑特征的经验存在内容不能合乎逻辑地推求普遍内容，只有普遍存在内容才能合乎逻辑地发展出哲学知识所要求的普遍内容，所以综合的形而上学必须直接以普遍存在内容为始点，推导所谓第一概念或原理。

由于普遍存在内容不能从特殊的经验存在内容中寻求，所以它只能是纯粹理性视野内的存在，由纯粹思维所发现和确认，而不能用经验认识手段加以论断。这一致于哲学的纯粹思辨本性，使得从认识对象的主观把握到哲学论断的展开没有思维品质的差异，消除思维形式转换所带来的非逻辑必然性。另外，作为认识起点的存在内容的普遍性决定它们具有存在对象意义上的单一性，即虽然它们可以有诸多可能的分离经验表现或与之对应的经验存在物，但在哲学中它们并不引起思维对象的多数化，相反，只能在单一对象观念下考虑对象的存在构成问题。这种对象单一性效应一致于综合的形而上学的单一对象拟设。也就是说，尽管哲学所拟设的由普遍存在内容所决定的普遍对象在其存在作用关系中指向诸多可能的特殊存在对象，但后者并不涉入哲学思维。反之，如果从经验存在内容出发，则意味着哲学要同时处理多个存在对象，从而陷入与综合的形而上学所内在的单一对象理念的冲突。

综合的形而上学被自己的认识逻辑所决定只能容受一次存在，因为一旦最高概念或原理被确定，那么随后的认识就被限定在最高概念或原理所容许的范围之内，其任务在于不断揭示可能的逻辑关系。同时，它也不接受混合的存在内容即普遍的和特殊的存在内容的共同出现，因为二者内在地要求两种相反的认识方向和认识方法。而如果误把特殊内容作普遍内容使用，那么势必破坏综合的形而上学的普遍必然性和确定性，甚至由于扰乱了本然的普遍存在的构成而使认识陷入不可推进的绝境。

关于普遍存在或抽象存在的问题，哲学上一直处于争论和迷雾之中，历史上的唯名论和唯实论就是其经典表现。主导的观念是，人们总是在常识的存在概念下把感觉经验看成确认存在的唯一手段，而否定理性思维具有存在发现的权利。也就是说，存在一定是特殊内容的存在，而没有普遍内容的存在。实际上，存在仅仅是通过对立于主观认识活动的强制性力量而表现自身的，感觉经验也正由其经常伴有的外在强制特性而取得了直观的存在见证力量，使人们相信感觉内容的存在性。但正如经常发现的那样，感觉官能也会产生幻象，并不是绝对可靠的存在确认机能。实际上，这种存在确认的强制性也同样能够表现在理性思维中，那就是逻辑必然性。只要理性思维带有绝对必然性地确认了一个内容，那么它就应该被赋予存在性。可以说，每一种认识官能都提供了一种发现存在的方式，并且是不同类型的存在。没有任何理由在对存在的发现上偏袒感觉而忽视理智。在普遍看重和信任理性认识而贬低感性认识的思想背景下，褫夺理性思维的存在发现权利的做法尤其显得武断和令人感到奇怪。

对普遍存在的认识论歧视和抛弃，必然造成哲学的科学化资源的结构性缺失，使哲学的科学化努力陷入注定失败的外部思想环境。

四　哲学的合法对象及其历史性敞开

那种有希望达到认识的科学性的综合的形而上学，其合理的认识对象不是经验给定的存在内容，而是经由理性自己确认的普遍存在内容。虽然由此发展出来的哲学知识具有对诸多相关特殊经验存在的作用要求和对特殊存在内容可能的存在关系的限制功能，但在哲学认识中并不涉及它们而仅仅考虑普遍存在内容之间的逻辑关系。由于哲学知识体系表达的是一种确定存在的内在普遍构成要素及其关联关系，从而在逻辑上要求所提供的普遍存在内容具有存在描述上的关于存在对象的表述效能，即能够表达一种对象的存在，否则就不可能使哲学知识科学完备地建立起来，因为在缺少必要存在构成内容的条件下，认识必然会陷入残缺和无能。申言之，对应于综合的形而上学并作为其认识起点的普遍存在内容应该共同构成一个整体化的存在对象。于是，哲学知识便关联着两种存在对象，一种是理性的普遍存在，另一种是感性的特殊经验存在。二者具有不同的哲学意义。前者可以被称为哲学的认识对象，哲学知识由之发生，后者可以被称为哲学的解释对象，是哲学知识的使用对象，被赋予哲学知识所表达的存在统一性，各种不同的特殊存在内容被要求按照哲学知识提出的存在形式组建具体存在。

在把哲学的认识对象限定为理性的普遍存在之后，哲学的认识对象的逻辑性质就呈现单一性和有限性，即哲学必须具体地针对一种普遍存在来展开，其所处理的存在内容也必然是有限数目的，思维任务由此成为内容严格确定的。同时，作为认识对象的普遍存在的构成内容的普遍性由此被确立为内涵普遍性，即由存在内容之获得上的方法或思维形式所赋予和保证的逻辑普遍性，而非参照对诸多差异的经验存在的适用性来判定的外延普遍性。认识对象的单一性、内容有限性和内容的逻辑普遍性，使哲学在保持自己的知识普遍性的同时把思维对象有限化，哲学认识不再由于主张知识的逻辑普遍性而必须面对逻辑上无限的存在对象，从而在逻辑上而非仅仅在认识的实际接触对象的意义上成为关于具体存在的哲学，也就是说合法地在本质上就是有确定存在界限的认识。

哲学具有自己独立的认识对象，即它所接受的普遍存在区别于经验存在，是被理性思维所确认的存在。因此，并非随便哪种对象都可以被接受为哲学的认识对象，只有可普遍地把握其存在的对象才能成为哲学的对象，以之开始的哲学认识才能在逻辑上保证具有科学性。相反，那些以特殊形态的存在作为认识对象的哲学就其主张认识的普遍有效性和确定性即科学性而言，在逻辑上就是非法的。理性发现普遍存在，也就是由理性思维确定一个事物的指称。理性在其思维中所见到的规定性，必然是最普遍存在内容（属性），这是由理性思维的普遍性决定的，它不可能在先见到相对特殊的属性，然后再去发现更普遍的属性。

如果要追求哲学的科学化而使用合法认识对象，那么就必然使哲学的认识对象的展现与认识的历史发展相关，从而对象的呈现表现出某种历史性。因为，普遍存在不是直接地摆放在眼前的存在，而是必须通过纯粹思维才能把握的存在，与直观的经验对象不同，可以说它是一种幽深的理性对象。与具体思维的关联使普遍存在的发现具有条件性和偶然性，思维主体的特定认识能力、思维方法的发展水平、存在内容的知识发展水平、切入普遍存在的恰当入手点的获得等，这些因素都直接决定对普遍存在的发现，而它们的具备都带有偶然性，是在一个历史过程中涌现的。

认识对象本身的超验化和理性化虽然使哲学的科学化成为可能，但却使一般人不再能够方便地接触和操作哲学认识对象，从而把哲学强化为真正的专业性学术活动，由此哲学不再可以漫不经心地谈论。除非放弃哲学的科学严肃性，漫谈式哲学的大众亲切感就不具有可推崇的价值。

五、解析骷髅滚动的恐怖哲学史

哲学史充满分歧，"但假如我们承认，哲学应当是一种真正的科学，而且真的哲学只有一个，于是就发生了这个问题：哪一个哲学是真的哲学？……全部哲学史这样就成了一个战场，堆满着死人的骨骸。……在这里面每一个杀死了另一个，并且埋葬了另一个"①。黑格尔用自己的哲学理念重新理解哲学史，赋予各种哲学以特定的积极历史发展环节的意义，试图调解哲学家之间这种不共戴天的冲突。但是，哲学的内部战争并没有因此解除，现代哲学仍然继续着残酷的杀人游戏，而且，更为讽刺的是，在其身后不久，黑格尔本人就重被骂作"死狗"。黑格尔的遭遇有其必然性，其命运密码就在于，虽然黑格尔以优雅大度的姿态分配给以往哲学从属的、服务的和相对低级的哲学史地位，从而有限复活了哲学史中的亡灵并向他们显示共处善意，但他本人仍然停留于旧的哲学概念之中，顽固地让自己的哲学扮演终极者，因而自然剥夺了后继哲学的独立思考权利。也就是说，黑格尔的宽容仅仅止于善待死人，是偶然地被他的特殊哲学内容所造成的，并非基于对哲学本质的清晰把握而接受了哲学的开放。相反，他骨子里仍旧充斥着的哲学的傲慢却必然使他

---

① ［德］黑格尔：《哲学史讲演录》第一卷，贺麟、王太庆译，商务印书馆1983年版，第21—22页。

携带冲向战场和成为死尸的历史惯性，或者说把他摆放在累累尸骨的前面悲壮地等待更加勇猛无情的敌人。

　　发生于哲学中的对于真理地位的你死我活的殊死搏斗是不当哲学概念的内在逻辑表现，是对于认识的绝对普遍性地位的主张与认识方法所注定的认识特殊性之间的根本对立的结果。哲学一直被理解为对世界的总体把握，具有绝对普遍性，而按照一般逻辑，一个对象只有一个真理，所以每一种哲学就必然天然抱有排他态度，否则就无以主张自己的真理性。在此，普遍性不加限制地自由走向逻辑极顶，使得哲学不问其具体内容和认识过程而抽象地产生存在解释上的唯一权利信念。但是，另一方面，哲学的方法却一直带有逻辑偶然性。发源于柏拉图的直悟的方法否定感性经验的真理认识价值，强调针对现象世界的直觉认识，主张直接把握终极的普遍概念或原理，并以此展开真理体系。后世不乏其追随者，比如斯宾诺莎就以实体概念为起点几何学式地构筑哲学体系。这种方法虽然在哲学体系内部获得了认识的逻辑必然性形式，但起点却是独断的，带有认识偶然性和任意性，并由其最高根据地位而把这种认识缺点播撒到所有后来的论断之中。既然独断没有自身来源和正确性的论证力量，独断的哲学也就会轻易遭到反对并可由他人提出不同的独断。一种独断体系并不会因为自身内部一贯的逻辑结构和一定的对象解释力而拥有绝对的自我辩护和对反驳的抗辩力量，相反，其他独断体系不必通过直接从事反驳就可以凭借同样的理论特征而取得平等竞争地位，从而导致哲学的内部战争。

　　与柏拉图哲学方法的源流相对立，亚里士多德创立了从感性认识范畴的现象出发到理性认识范畴的本质的循序渐进的推理方法，在其中，哲学被认为获得了存在根据和认识确实性，因为感性被看作有效的存在确认方式，而在从特殊到普遍的展开过程中，主观思维受到存在内容的约束，同时又表现出从低到高的秩序。但是，在这种哲学方法的认识连续性外表下却隐藏着本质上的逻辑跳跃，即已经阐述过的从特殊到普遍的概念或原理生成环节中所包含的逻辑断裂或者说超验性。它直接造成整个认识过程的主观任意性和独断性。亚里士多德路线属于分析的形而上学类型，但具有与独断式的综合的形而上学相同的主观任意性缺点，因而不可避免地出现内部纷争。分析的形而上学具有经验论基础，迎合人的自然认识倾向并且易于构建，所以喜闻乐见，貌似真理，因而内部纷争一直并未引起叛逆其思想方法的批判。从广义上说，一切利用历史材料而建构的诠释性哲学都属于分析的形而上学，甚至像康德、黑格尔这样的哲学家都位列其中。不说康德的理性批判本身就是分析方法的，就是他关于形而上学的理想也只能是分析方法的，因为在他的先验逻辑范围内，在拒绝把理性思辨概念作经验解释之后，形而上学只能背向经验（由经验倒退式地一直指向更高规定）而不再指向经验，先天综合判断仍然直接指向经验材料，范畴的经验使用的秩序当然应该是由低到高。在康德之后筹划改造哲学的名单中，又有杜威、阿佩尔、哈贝马斯等，他们都因为各自语调的经验主义而加重了分析的形而上学而非改造了形而上学的分析性弊病。海德格尔批评亚里士多德以来的形而上学错误地走上存在者道路而遗忘了存在本身。但他只是切中了问题的现象，却没有看出问题的本质，即这种遗忘的发生不是主观疏忽的结果，而是认识起点相对认识目标的逻辑断裂所注定发生的认识偏离或脱轨，从特殊存在内容不可能合乎逻辑地通向普遍存在，二者之间具有认识性质上的经验与超验鸿沟。海德格尔不理解这一点，因此把原因归结为哲学主题设置的不当，而自己却在更换了主题之后继续从"此在"的特殊生存内容出发追问普遍的存在意义，结果再次陷入形而上学的无尽追寻泥沼。

在分析的形而上学与独断的综合的形而上学各自的内部纷争之外，还有二者之间的形而上学战争。前者以存在为根据批判后者为独断的和虚幻的，并在把形而上学用作其专名的基础上主张采取抛弃行动。但是，他们在据有经验存在根据之后要作出任何普遍论断，也必然无意中陷入逻辑上的形而上学。于是，独断的综合的形而上学指责他们论据与论断之间的逻辑不对称性，缺乏认识必然性和普遍性这些形而上学的必备品质。在这种互相攻击之中，他们暴露出各自的弱点，即分析的形而上学失去了逻辑安全，而独断的综合的形而上学缺乏存在的支持。但是，在哲学史上，除了分析的形而上学就是独断的综合的形而上学，而以分析的形而上学居多。因此，哲学被战争所困扰也就是一个合理的现象。根据对哲学的科学化形式的阐述，只有存在与逻辑的完善匹配，即适应哲学知识的本质，回避经验存在而引入普遍存在，抛弃分析方法而使用综合方法，才能使形而上学步入逻辑有效和认识真理性的可判定时代。两相比较，占有更大哲学史份额的分析的形而上学却同时缺乏科学的形而上学的全部形式要素，即合理的起点与合理的方法，而相对弱势的独断的综合的形而上学反倒具备其中的一个要素即合理方法。显然，理性化的普遍存在的始终缺位成为制约形而上学向科学转化的关键因素。哲学家们都被常识的存在概念所蒙蔽而堵塞了正确理解哲学的可能性，既妨碍正确方法的选择，使综合方法无以找到合理的存在依托，又逼迫人们不得不接受存在作为哲学的依靠，从而引诱哲学不断跳入分析方法的圈套。理性对存在确认权的获得，或者说普遍存在的介入是形而上学科学化的重要元素。

康德通过先验逻辑一般地说明了形而上学具有可理解的主体根据，但仅此而已，并未深入筹划怎样实现形而上学的科学化。"范畴不能作超验使用"这一被康德看作拯救形而上学的消极限制原理，虽然直接防止了由把理性概念经验实在化所必然引起的理性矛盾，但一方面它侧面透露了康德在存在问题上想象力的衰弱，另一方面甚至反映出他对理性的普遍存在的拒斥，这种态度便直接注定康德为形而上学科学化所作努力的全面失败命运，因为接踵而至的是，他根本不能改革哲学关于自己对象的观念，使哲学在对象有限的条件下成为一种合理的和有意义的认识。同时，也必然不能合理超越分析的形而上学而为形而上学安排综合方法。分析方法只能具有两种使用前途，或者是有合理性并具有认识安全性的理性使用，即从经验物到自然因果的追溯，或者是带有认识上的逻辑跳跃的独断使用，即从经验物到概念。前者不能达到追问事物内在构成本质的目的，后者不能保证论断的内容正确性和逻辑唯一性。因此，不论哪种使用都不能满足形而上学的科学要求。康德对分析方法的这种认识不足并无意识，因而自己也在使用分析方法，更不可能为形而上学逃离分析方法而展开相关的全面反思。在划界之后，形而上学的思维形式甚至难以得到有根据的描述，因此导致了康德之后关于形而上学是否存在的疑问，而不是如何科学化的筹划。

在明确了哲学不是由盲目的认识野心即终极认识定义的，而是被知识形态定义的之后，哲学的对象的特殊化就是合法的形而上学选择，不同的形而上学就可以拥有自己的领域而不会自然地挑起冲突。把追求终极真理作为形而上学的本质是分析的形而上学被其内在认识逻辑所驱使而制造的一个幻觉。可以有绝对普遍的哲学，但那必须建立在现实的认识基础上即找到对世界整体的普遍存在的理性描述方式。在这样的形而上学图谱中，各种不同的形而上学便形成依据所认识对象之间的存在关系而可以合理考虑它们互相之间的共存这样的可协调关系，而针对同一对象的不同形而上学变得可以依据认识的健全性和必然性作出理性判定。

对哲学的科学化具体条件的追问导致了哲学概念的革命，它逻辑地显现出以往摇摇晃晃的哲学史的漏洞所在，同时塑造出哲学的科学形象。

康德伦理学的方法论缺陷*

以黑格尔为代表，人们一直批评康德伦理学的空洞性即论断的抽象以及对认识对象的描述欠缺，并且通常归咎于他的伦理学形式主义，① 从而使形式主义成为众矢之的。为了给伦理学注入切实的内容而具体阐释道德的本质，德国哲学家马克思·舍勒在《伦理学中的形式主义与质料的价值伦理学》② 中针锋相对地积极探索一种质料伦理学，以现象学的本质观念拆除康德为一切普遍伦理学所设置的内容禁区，力图在质料认识中达到丰富的普遍道德知识。然而，本文发现，康德的批判伦理学采用的是分析方法，这种方法在逻辑上就缺乏完备揭示认识对象内在构成规律的能力，从而当然也成为导致空洞性的一种原因。问题由此变得复杂化，因而至少不能简单地将康德伦理学的空洞当作否定形式主义的判决性实例。

一 并非互逆的两种理论认识方法：分析与综合

一般而论，认识应该或可能采用什么程式取决于作为认识目标的知识结构，因为知识的可能结构规定了认识活动的逻辑环节和内在联系。在认识论上，一切知识都是对特定事物存在原理的构造，因而具有两极

---

* 该文发表于《哲学研究》2007 年第 9 期。

① [德] 黑格尔：《哲学史讲演录》第四卷，贺麟、王太庆译，商务印书馆 1978 年版，第 290—292 页。

② [德] 马克思·舍勒：《伦理学中的形式主义与质料的价值伦理学》，生活·读书·新知三联书店 2004 年版。

结构，即特殊存在内容和解释性的普遍概念，其中诸普遍概念依内在逻辑秩序展开而最终通向特殊存在内容。这种两极结构在形式上为具有主观能动性的理智提供了两种可能的认识起点，即最高普遍概念——在此仅仅是逻辑地设定认识起点的合理性而不更多地涉及它们何以可能成功获得的问题——和特殊存在内容。如果认识叙事由最高普遍概念开始，那么认识的逻辑结构就沿着从普遍到特殊的自然逻辑方向展开而呈现前进式，这就是通常所谓的综合方法。相反，如果认识叙事由给定的特殊存在内容开始，那么认识的逻辑结构就以特殊存在内容为基点而上溯作为其根据的普遍概念或事物，由此认识显现出后退性，这就是传统所谓的分析方法。

  关于分析与综合的一个流行观点认为，二者是互逆的，即分析与综合必然经历相同的认识内容，只是方向不同而已，质言之，它们具有等价的认识能力。从存在的角度看，对分析与综合的这种理解是可接受的，也正因如此，它得以躲过理性的严格反思和审查。因为，根据关于知识结构和认识目标的预设，分析与综合指向相同的认识内容，而从知识的自然观点上看，它们表征了同一认识对象的存在构成内容。被存在的同一性和统一性所决定，存在的构成内容之间具有必然关联关系，从其中的任一内容入手都可以沿一定方向按照其间的关联秩序获得特定关联段的知识。另外，从存在构成的观点看，分析的起点是存在之果即诸多普遍条件参与的产物，也可以说必然包含它们于自身之中；而综合的起点作为根据也必然牵连其下位内容才能显现自己的根据品质。这导致一种认识，即所谓分析与综合的区别只不过是由果到因与由因到果的不同。因此，人们相信，无论分析还是综合，都能达到认识特定存在的目标并且能够获得相同的知识，换言之，分析与综合在认识功能上具有对称性。

  然而，从认识的观点上看，分析与综合却绝不是对称的，即它们所能切中的存在内容并不同一，从而具有根本不同的认识能力。虽然粗略地从存在秩序的角度看，分析与综合处理的都是特定对象的因果关系，但是它们所涉及的因果却有自然因果与逻辑因果之分，因而并不行走在同一内容路线上。特殊性的存在内容是分析方法的认识起点，因而对于追寻普遍知识的理智来说就必然要上溯其原理或根据。而针对特殊存在内容只能在特殊内容范畴内思考它们的根据，因为人类理智只能设想同质事物间的作用关系。显然，分析所能设立的是在存在上具有分离形态的特定存在之间的因果关系。这一认识限制得到从特殊不能推出普遍这一认识规律的加强，也就是说从特殊存在内容出发根本不能设想得到普遍概念或原理的逻辑制约关系，而只能获得自然形态的因果关系。自然因果只能基于外部观察和现象关联分析而不能采用逻辑分析加以证实。同时，在存在统一设定下，由分析方法所能设立的"原因"物也必然是某种抽象的"功能"的名词化符号，因为作为分析起点的特殊存在内容本身显现的是存在的分离，而思维的任务就在于为这些分离性找到统一的根源，发挥"拯救"存在的功能。但分离在本性上属于空无范畴，并不能提供认识的根据，因而只能抽象地相应以实体的名义为之拟制统一功能。相反，综合方法以普遍概念或原理为起点，因而，同理，理智必然以同质的抽象普遍内容作为设想存在内容之间关系的对象，在逻辑作用中展开普遍内容间的关联关系。同时，像由特殊不能推出普遍一样，从普遍也不能推定特殊的具体内容，因而沿综合方法只能获得存在的普遍内在构成形式，亦即考虑已经获得的普遍概念的逻辑意义来揭示它们之间相互作用的结果，而这正是存在的内在构成形式。就综合方法所阐明的是存在的决定关系而言，它涉及因果范畴，但这已经不是分析方法中的诸多存在之间的自然因果，而是关于同一存在的内在构成的普遍属性间的逻辑结构的因果关系，显现为逻辑因果。

　　从认识的逻辑结构和秩序看，两种方法也具有完全不同的认识有效性。在综合方法中，可能的根据都在先展露，每一认识环节在逻辑上以完备的根据为推进条件，因而其结论是准确的和确定的。相反，如果采用分析方法即由特殊到普遍地认识给定对象的根据，则在逻辑上陷入片面性，因为可能的根据尚付阙如，每一认识环节都缺乏自己所当拥有的完备根据，即在根据不充分条件下进行断言，必然遗漏必须涉及的内容，无法揭示事物本然具有的全面联系。

从以上阐述和比较可知，分析和综合这两种认识方法具有完全不同的认识功能，分析方法穿越的是存在物间的外在关联和根据，而综合方法走过的是一个存在的普遍存在形式的内在逻辑历程。同时，两种认识方法所具有的逻辑效力也大不相同。因此，在逻辑上，它们之间的认识内容绝不仅仅是相向展开而可逆的，相反，它们指向不同的内容领域，不可能产生等效性的认识交叠，因此具有认识非对称性。

历史上人们一直没有彻底弄清分析方法和综合方法之间的巨大认识功能差别，总是简单地根据它们思维方向的相向性而认为二者是一对互逆和相通的认识方法，似乎是殊途同归而具有相同的认识能力。其实，分析与综合绝不是活动在相同认识内容范围中而仅仅方向相反的两种具有"逆运算"关系的思维，而是各自具有不同的思维内容，承担着截然不同的任务。分析方法以事物间的外在存在关联为对象，因果关系是其考察内容，目标是特定存在对象的最高根据物的确定。而综合方法以事物的内在构成结构为对象，逻辑制约和衍生关系是其考察内容，目标是深入描绘事物之完备的普遍构成形式或规律。这是两条完全不同的思维路线。就认识过程的内容构成来说，它们会经历完全不同的内容。如果说它们有什么关系的话，那也只能是一种互相配合，即分析方法为综合方法揭示了展开路线和思维发力对象。因为，分析方法所揭示的经验关联作为事物的直接现实关联，是通过事物的实质构成内容实现的，因而是事物内在存在关联的现象和结果。而综合方法所具有的从普遍概念开始走向现实的概念推演结构，按照普遍性内容相对具体事物的根据地位，在本质上就是在追求事物的内在根据及其序列。所以在综合方法与分析方法之间具有某种关系，在被经验关联所包含的事物中包含着综合方法所追求的内在关联内容，并提示着综合方法的恰当行进路线。分析方法所显示的存在根据的自然秩序——因果性的和类属性的——指点着综合方法所追求的内在普遍关联关系的线索。但分析方法的出发点是给定事实或属性，然后逆向寻求作为其决定根据的事物。其关联标志为作为根据的某物蕴含等待根据支持的那种事物的属性。显然，这种关联仅仅向根据关系提供了软弱的支持，只能指出一物之归属，显示进一步寻求具体关联关系的着力处所，而未能真实全面地给出内在关联关系。质言之，分析方法所触及的仅仅是事物间的相关线索，充其量只是扫描了具有认识价值的相关物，却根本不知具体如何相关。因此，相对理性的认识理想，分析方法是粗糙的，在逻辑上就不能完成最终揭示事物本质的任务。就此而言，任何分析方法不是完成了认识任务，相反，只是清晰地提出和描画了认识任务。

二 先验批判的合法技艺：综合式前提批判

康德伦理学的宗旨是先验批判，即揭示使实践理性得以可能的普遍条件。而按照"先验"概念的内涵，这也就是要发现直接参与道德存在的普遍内容，正是关于一种存在的构成分析。同时，先验内容作为使一种经验存在成为可能的普遍内容，是一种未显现为现实存在的应然属性，在逻辑上居于根据地位，是成就经验存在的在先环节，因而先验批判也就是一种前提批判，是对特定现实存在的前提的追问。要言之，先验批判应该是一种关于存在之内在构成普遍条件的认识活动。

先验存在内容按其普遍性本质必然具有自己的内在秩序，因为同一存在的普遍内容间依其普遍性而必然发生互相关联和作用，而存在的统一性要求它们之间必须处于某种合理稳定的作用关系之中。并且，先验存在内容之间必然进一步呈现关联上的收敛归一形式，因为只有这样才能实现存在的统一，存在也由此才是现实可能的。由此可知，先验存在内容具有一个特定的存在结构，即上端终结于最高普遍概念或原理，下端终止于特殊存在内容并在其中现实化自己的存在。这种存在结构恰好为前提批判提供了可能性。第一，它一般地具有相对现实存在的逻辑前提性质和地位，从而为前提批判奠定了存在基础。与此相联系而更为重要的是第二，它的前提收敛结构为真正完成前提批判提供了保证，因为根据前提批判的内在逻辑要求即穷尽前提而达到彻底水平，一种可以发现终点即最高根据的前提追问才在逻辑上是可行的，否则就将陷入无穷后退处境而不能实现对前提的彻底揭示。

先验存在内容的存在结构似乎为针对它展开的前提批判开放出两个方向即分析和综合。根据前面的阐述，分析与综合在认识上是不对称的，这在逻辑上提醒我们，针对同一先验存在内容的两种认识方法互相排斥，只有一种是可行的，因而必须加以认真分析和选择。显然，虽然都是在进行关于事物前提的刻画，但综合式前提批判与分析式前提批判的展开方向和叙事结构不同，并因而产生巨大的逻辑差别和认识效果差别。

根据先验概念所确定的先验存在内容的存在地位和功能，有效的先验批判必须构筑起致成经验对象的充分概念或原理体系，因为现实存在具有完整性，原理的残缺便造成先验批判的理论解释的无效。这便向作为伦理学任务的先验批判提出特定的方法要求。特定的认识要求所具有的认识品质必然折射为一定的认识方法要求，因为特定的认识品质只有在特定的认识方法中才能生成，任一概念和原理以及它们构成的整体的逻辑品质，都只能来自认识方法所固有的逻辑品质，比如归纳所得的结果必然在逻辑上具有偶然性和不确定性，演绎所得结论则具有逻辑必然性和普遍性。

逻辑上完备而有效的先验批判的方法为综合式前提批判。先验批判的目标就是建构关于认识对象的具有逻辑普遍性的哲学理论，其理想知识结构为不同等级的普遍概念和原理在相互连续的规定关系中给出特定对象领域的根据体系。哲学理论的这种逻辑普遍性决定了哲学建构的方式。哲学要建构关于研究对象的互相关联的概念体系从而获得关于具体存在的具有逻辑普遍性的认识。而且，这种逻辑普遍性指向现实对象的存在。存在是具体、充实和完整的。因此，作为存在致成条件的普遍概念必须充分和完备，有所欠缺的概念体系就不能具有对现实的有效解释能力。完备的概念体系必须通过综合方法来建构，即必须从可能的知识体系的最高概念开始，采取综合方法（前进式）展开。因为，只有综合方法才能保证哲学认识的完备性和最终有效性。严格有效的哲学建构必须是综合式的普遍本质的递次揭示。其他方法尽管可以是哲学的即相关于哲学认识目的，但只能是哲学的预备性探索，最终都必须回归到以综合方法进行哲学建构这一正题上来。哲学建构的综合方法是对事物存在前提的有序揭示，构成一种前提批判。从关于对象的最普遍本质开始，然后展开指向现实问题的综合式概念推演，直至达到哲学理论相对现实问题的充分发展。这一过程构成哲学理论建构的正题，是一种综合式前提批判。

可以断言，综合式前提批判能够在逻辑上保证认识的完备性，是相对伦理学的先验批判任务具有最大逻辑保真度的理论构建方法，而且一致于任务本身所内在的认识要求。

三 康德伦理学方法的分析本性及其后果

如果细心比较《纯粹理性批判》和《实践理性批判》，那么一个重要的差别就会显现出来，即二者具有不同的叙述逻辑。综合方法被康德宣布为《纯粹理性批判》的研究方法，即从对于认识具有必然包含能力的知识的构成即知识质料和逻辑形式出发推求先验概念。而在《实践理性批判》中，康德的整体论证策略是在"理性事实"设定基础上，通过某种三段论逆向地为道德确定存在根据，这正是典型的后退式的分析方法。其纯粹实践理性分析论的三段论构成为，"从大前提（道德原则）中的一般性的东西出发，经过包含在小前提里面的、把（作为善或恶的）可能的行为归属于那一般的东西之下的活动，继而进到结论，也就是主观的意志决定（对于实践上可能的善以及以此为基础的准则的关切）"[1]。从道德行为的角度

---

[1] [德]康德：《实践理性批判》，蓝公武译，商务印书馆2001年版，第98页。

看，这个三段论结构所表征的由"道德原则"到"对象"再到"动力"的运动，其框架是由一种分析式前提批判活动造成的，即正是这三个纯粹概念本身引导着康德的运思，而它们与这里出现上的逻辑下降关系相反，恰好是对道德存在的致成条件的提升。在此，要严格区分这三个概念的抽象设立与各自内容的具体获得过程。康德上面所表述的是后者而非前者。虽然按照康德的阐述，三者具有以实践理性法则为基础的内容获得上的决定关系和实质同一性，并正是通过这种内容上的同一关系而在实质上齐备了三段论构造的逻辑条件，但实践理性原则、实践理性对象、实践理性动力是具有独立功能的概念，它们是针对道德行为的并描述了其构成的形式要素，从而提出相应的内容认识要求。康德在道德现实性要求背景下设立起这三个概念。相对道德行为，单纯的实践理性原则是不充分的，即它必须以实践理性对象为条件才能成为被愿望的东西，而抽象的实践理性对象要成为道德行为的直接现实根据，又必须通过实践理性动力而成为自为地决定意志的主观根据，因为只有主观的准则才是现实有效的道德意志。质言之，实践理性原则、实践理性对象、实践理性动力依次是各自前面概念发挥现实道德决定作用的前提。显然，这三个概念作为思维对象并不具有依次出现那样的综合关系，相反，首先是分析式前提批判提示和规定了康德的提问及其秩序。同时，他的纯粹实践理性辩证论也依然是一种分析性结构，即在道德存在的设定下，通过发现实践理性所面对的德与福之间的二律背反，来设定灵魂和上帝作为道德存在的可能条件。另外，在每一重要环节上，康德也使用了分析方法，比如对于实践理性法则的推求就是从道德普遍性事实入手，通过确定"普遍性"的归属物或者说条件，经由形式、理性、自由等而到达"绝对命令"。

人们一般总是把康德伦理学的抽象、空洞和单薄简单地归咎于其体系的形式主义，而不再深入追问其他原因。其实，形式主义是成就伦理学的必要手段，康德对于形式主义伦理学的论证和对质料伦理学的排斥是有效的，唯有在抽象的形式领域，伦理学才有发展出普遍理论的可能。其原因为，伦理学的目标在于理解和解释实践理性致成道德行为的普遍原理，而不在于进行具体的规范设计和道德实践指示，因为这是被经验的无限开放性决定所力不能及的。[①] 伦理学知识先于可能的具体情境内容，不可能切中这种未来的具体内容。一切理论知识都只能是普遍性的，有理论前途的伦理学认识必须在普遍内容区域内展开。因此，虽然在表面上对于质料的排除减损伦理学的内容和理论发展深度，但必须仍然坚持形式主义方向。问题是，形式主义是否就必然导致空洞。对此，康德伦理学并不能成为一个判决性的实例，因为他的体系的分析方法本身也是造成空洞的原因。也就是说，这使得康德伦理学的空洞弊端有诸多可疑的原因，从而也就复杂化了，难以径直断定形式主义必须为"空洞"负责。

分析方法不仅有上述的粗疏特征足以直观地导致理论的空洞，而且还逻辑地带来理论的结构性残缺。分析方法必然从一个事实性的对象存在开始其认识活动，而分析方法具有认识发展的单一性结构，即它只能做单一方向的追问，就一个存在内容作前提批判。因此，分析活动必须选择特定存在中的个别内容为起点，而不可能同时把所有存在内容作为起点。而且，分析方法决定，针对不同内容所展开的前提批判之间必然是互相独立的，既不能自然地也不能有意地加以改造而形成互相之间的有效关联。分析方法是由果溯因，而结果作为被决定物总是处于相对特殊的地位，由结果属性只能被动地在具有同一性的归属物中确认自己的原因，而不能像占据上位地位的内容那样概括性地同时规定诸多内容，关联地给出多维认识发展方向。即使针对同一对象内容分别做出不同的因果关联判断，认识上的矛盾律也会将其视为谬误而要求进行择一判定。但是，存在的构成是复杂和统一的，只有那些相对存在对象具有统一解

---

① 详细说明参阅崔平《从实践性到批判性：对伦理学传统自我意识的革命》，《江海学刊》2005年第1期。

释力的理论才能成为完备有效的知识。这就在逻辑上决定，分析方法必然带有理论建构上的残缺性。残缺必然带来相对于存在解释的认识需要的空洞性，即存在构成的复杂性本来要求揭示多因素的关联作用，但分析的残缺在根本上缺乏进行规定的内容资源和规定力量，从而使理论干瘪、软弱，不能真正切中丰富的存在现实。康德伦理学的起点就仅仅抓住了道德的普遍性这一点而遑顾其他。如果在一种正题性的理论建构中采用分析方法，不唯不能进行关于事物的内在分析，而且也会带来独断，即先于具体认识而选择一个存在内容作为能够普遍把握研究对象的认识起点。独断（无根据的取舍）和残缺由此也处于相互关联之中。

  分析方法同时给康德伦理学注入先验批判的先验不彻底性和前提批判的不彻底性。如果康德仅仅把他的伦理学赋予指点研究路线的预备性研究意义，那么这些都是可接受的。但问题是，康德把它们看成最终的结论。在分析方法中，作为认识展开环节基础的给定事实或命题，在逻辑上都不蕴含所要推设的存在条件，因而要推动思维走向更高条件，就必须另外插入某种断言，比如康德在从道德普遍性推求道德的理性根源时，就附加性地考察了质料与形式的逻辑特性以及感性与理性的认识品质。这种结构性的插入内容没有与认识基础的可必然确认的联系，受到偶然的其他认识前提的影响，带有任意性。在康德伦理学中，这种痕迹非常明显，比如，他的"意志"概念就是被经验性地引入而取义为以幸福或快乐为根据的主观判断，等等。分析方法的这种认识局限使得依之而进行的论题展开变得经验化而非逻辑化，降低论证的必然性、严格性和可靠性。因此，康德选择分析方法作为一种先验的、批判的伦理学的建构方法是不恰当的，即分析方法的逻辑品格与先验批判的严格逻辑要求不能匹配。

  即使接受康德伦理学的分析方法而不予挑剔，他在选择分析起点的问题上也颇堪指摘。也就是说，即便单纯以分析式前提批判的眼光看，他的伦理学也不是完美的。康德抛开"意志""善""幸福"这些重要道德概念而径直选择了"普遍性"这一道德事实的属性作为他伦理学的起点,但"普遍性"仅仅是道德事实的外在逻辑属性而非存在构成内容或属性,不足以概括道德事实的存在规定。这个起点的选择太少事实性而太多本质判断意味,它与分析方法对起点的事实品格要求具有很大距离。分析方法的功能在于确定某种事实的存在因或存在条件,而对于一种试图完整把握研究对象的认识来说,它应该选取能够完整代表存在事实的出发点作为分析式前提批判的开端。"行为"在存在上直接承担全部道德事实。因此,以先验批判为目标的伦理学应该一般地把"行为"作为其寻找道德之存在因的开端。

把只能用来外在地确定存在因的分析方法错用于某种理论建构目的,这使得康德的伦理学发生严重的元哲学筹划错误,必然使他在道德哲学领域进行先验批判的努力受挫。分析式前提批判的后退式如果没有适当的目的和标志加以制约,则其前提追问必然趋于无限,而理性要想终止它,就必须独断地设定一个无限者,虚假地以思维的有限形式掩盖逻辑上的存在条件的无限延伸。康德伦理学最终用上帝和灵魂不朽向人们承诺道德的合理性,就是这种逻辑的内在必然结果,它最终冲出理性范围而诉诸神学来盲目地为道德实践担保。

康德的实践理性批判工作由于其分析方法而带有不可克服的逻辑局限,使它无法深入全面地刻画道德实践的普遍原理。然而,一定的认识方法需要特定的历史认识水平下所可能提供的知识基础。所以综合考虑,我们不应该超越历史水平的客观局限而过度地否定康德伦理学的贡献。但由于分析方法在逻辑上最多只能为综合方法提供外在的认识指引,所以即使对于康德本人来说,《实践理性批判》也仅仅是真正的实践理性批判的"导论",有如《未来形而上学导论》之与《纯粹理性批判》。因此,就《实践理性批判》代表了康德伦理学的最高成就来说,康德伦理学恰好停顿在中途。

叔本华是最早比较系统地批判康德道德哲学的哲学家级别的人物,

康德伦理学的方法论缺陷

对康德伦理学的缺点多有揭露，触及了一些与本文对康德的批评相关的方面。他批判作为《实践理性批判》基础而引入的"道德法则"这一康德所谓的理性事实，把它的确立认定为"窃取论题"的假设。① 与黑格尔一样，他批判康德伦理学的内容空洞性。② 他还对《实践理性批判》论述结构的散乱有所发现，也对它与《纯粹理性批判》的写作差异略有感觉，并不无简单和失礼之嫌地将它们归咎于康德"老年的衰弱乏力"③。但是，由于叔本华缺乏对于《实践理性批判》认识方法的分析本性的理解，更没有明确地比较分析方法与综合方法的认识功能，所以他并没有真正把握到这些缺点的根源所在，仅仅在认识的一般逻辑观念水平上加以考察。这导致他不可能领会康德道德哲学的必然性和相对合理性，从而过度地彻底否定康德，甚至不惜掺杂谩骂口吻。事实上，在分析方法的框架内，《实践理性批判》的概念操作合乎规则，而分析方法本身具有特定的认识价值，只有跳出分析方法而用与认识目标相匹配的认识方法——在此即为综合方法，才能公允论断《实践理性批判》的性质、地位和理论价值。

四 把脉康德

对于分析方法与综合方法的功能差异，康德并非毫无觉识。在批判传统形而上学而谋划一种科学的形而上学时，康德从形而上学的认识普遍性出发，把先天综合命题确立为科学的形而上学的合法形式，规定形而上学不能是经验的。④ 而且，康德还对一种可能的科学的形而上学的

---

① 叔本华：《伦理学的两个基本问题》，任立、孟庆时译，商务印书馆1996年版，第142页。
② 叔本华：《伦理学的两个基本问题》，任立、孟庆时译，商务印书馆1996年版，第152、163、165页。
③ 叔本华：《伦理学的两个基本问题》，任立、孟庆时译，商务印书馆1996年版，第140—141、166页。
④ [德]康德：《未来形而上学导论》，庞景仁译，商务印书馆1982年版，第17、164—165页。

构造形式做出规定，认为应该用综合方法去建立普遍知识的体系。[1] 显然，在形而上学的方法维度上，康德具有关于综合方法的理论意识，并努力实现在其批判哲学中。那么，为什么康德在其先验批判性的伦理学中被分析方法所误？究其根源，一种认识方法意味着特定的认识展开的结构，而作为填充材料的认识内容必然具有自己的规定性，它们之间也会提出互相适应的特定要求，因而并非任意内容都能穿透一种认识方法进而使之获得成功。简言之，一定的认识方法要求具有能够充实自己存在结构的特定内容群。然而，康德在着手构造他的伦理学时却缺乏与特定的认识宗旨相匹配的充分理论基础。

　　批判的伦理学这一先验叙事必须自所属先验论域中的最高概念开始。作为论域中的最高概念，形式上必然表现为在道德判断中具有最高规定地位，即可以做一切道德判断对象的谓词，所有现象因关联它才有可能被划入道德领域。以存在观点看，这一最高概念表现为道德判断对象的某种属性。而从认识上来说，这一最高概念所表达的属性作为道德判断对象的存在属性的构成内容而存在，道德判断仅仅是对特定对象是否以及应否具有这种属性的一种确认，因而表现为一种评价标准。而就道德存在直接归根于主观意识来说，对于批判的伦理学，恰当的做法必须是把这一最高概念放置在主观性范畴中来理解并加以追踪。在道德评价领域，善是最普遍的评价范畴而不被其他概念所规定，道德之善的意义在道德思维中处于绝对原始的地位。善作为一个道德概念在逻辑上也同时有对道德判断主词和谓词的综合性，即善的一定是真的——"真"是主词作为事实的指谓者所牵连的最高认识要求；但真的不一定是善的——善于此显示出对存在的特殊选择性并将其置入价值维度。[2] 善是造成道德判断即把特定主词与谓词以"应当"形式联系在一起的根据。因此，

---

[1] [德]康德：《未来形而上学导论》，庞景仁译，商务印书馆1982年版，第14、160页。
[2] 崔平：《有限意识批判》，吉林教育出版社2002年版，第89节、91节。

批判的伦理学必须从"善"切入论题。

对于理性思维来说，一切断言都要求给出特定根据。根据意味着更高的存在地位。因此，在善被规定为道德论域的最高概念之后，其根据已不可能属于道德论域。任何在道德论域内寻求善之本质规定的做法，都落入分析模式而面临方法论困难，因而不能用道德现象作为定义善概念的线索和材料。道德论域在此显现出其非独立性，亦即相对于道德论题的理性解决要求，它是非自足的，需要依托某种论外的思维来支撑。

运用善概念的道德判断是一种认识活动，善概念在其中必须以主观观念形态存在。而且"善"在道德判断中作为最高谓词适用于一切特殊的主词，在与主词特殊性的关联中保持普遍同一，享有超越特殊性的绝对普遍性，因此它剔除特殊差异于自身之外，不包含经验实然内容，只能是一种抽象的形式规定。就这个"善"在判断中总是关联和针对某种事实而言，它所拥有的形式规定必然是关于存在形式的理想。因此，"善"观念作为一个意识存在，表达的恰是一种存在形式，具有在抽象的存在观点下的自相关性，即存在在自身之内以意识这种特殊形式的存在，表现了存在的一切可能世界的普遍形式。实际上，这种自相关是意识存在内的自我制约，因为"善"的观念性把与之牵连的一切事物都拉入观念界，它们都必须采取意识的形态才能进入认识活动，所有可能的"存在"都是意识中的存在。也就是说，一切可能的认识都只能在观念界内进行。因而，善作为一种存在形式理想，是意识以一个意识存在向所有意识存在提出的存在构成要求，换言之，是意识对自身普遍存在形式的表达。由于善无关于内容特殊性而只与它们的关联形式或者说存在结构相关，所以它只决定于意识这种存在的纯粹构成规律。从观念生成的认识特性看，意识只能以其可能有的存在形式给定一种存在形式即形成某种存在观念。所以，"善"来自意识存在现象，在意识存在论域有其根据。批判的伦理学这一关于道德存在的批判问题，其解决在本质上具有关涉意识的存在论基础。

总之，一种先验批判性的伦理学要依赖对意识存在结构的揭示和以此为根据对善概念的确定。

但是，康德无力提供这些条件。他的《纯粹理性批判》仅仅关注知识的逻辑结构而没有也不可能深入揭示意识的存在结构，后者迟至胡塞尔才被确立为哲学的主题。而对于善概念，康德则断然排除了普遍定义的可能性，将与之有关的伦理学作为质料认识而排除。这就不可避免地使康德丧失了综合方法所要求的至关重要的认识起点，继而错失一切成就综合式前提批判的思想资源，最终迫使他在自己的先验批判伦理学中放弃综合方法，从而也就在根本上远离了本真的先验批判。

重构实践理性批判*

——筹划超越道德判断原则冲突的新伦理学

以往伦理学中不同道德判断原则之间的冲突——动机论、效果论等——给日常道德生活制造了许多道德困惑，客观上干扰了质朴的道德人心。实践的选择一维性要求理论解释的统一性。因此，虽然伦理学已经拥有自己的漫长历史，但本真的中心任务仍然埋伏在前头。伦理学内部的持久混战和僵持已经形成伦理学的自我解构，可以说，伦理学的历史证伪了传统伦理学。这启迪我们放弃对传统伦理学遗产的执迷和幻想，以彻底独立思考精神，积极筹划和试验新的伦理学方案。

一　勘测实践理性结构

在弥合道德判断原则的分裂的努力中，人们总是径直设计平衡动机和效果的各种方案，但在确认它们各自的道德相关性之前，这种做法是盲目的。在逻辑上，必须首先证明它们直接参与道德存在的身份，然后才能考虑相互关系问题。因此，一种严守理性的伦理学，必须提出分析实践理性结构这一任务。

处于社会交往关系之中而必须追求主体间普遍理解和认同的学术活动，应该尽量借用广泛流行的传统话语以更多地向对话者让渡思维的便

---

* 该文发表于《社会科学战线》2006 年第 5 期。

利。与传统保持某种牵连的那种采取变异形态的学术运思，也许是更容易引起社会关注和社会传播的理论创新形式。这使得"实践理性"在此被选中作为指称道德生活智慧的概念。虽然"道德"与"实践"两个概念并不对等，"道德"仅仅是"实践"的一种特殊形式，因而相对研究对象，"实践理性"带有逻辑上的宽泛弊病，但"实践理性"这一概念已经被康德道德哲学培育成广泛接受的伦理学概念，从而约定俗成地成为道德理性的代名词。就此而言，它至少比较方便地宣示出研究的对象和意图即追问道德生活的理智基础和内在机制。但对传统的仰承必须到此为止，不应过度追随康德而把"实践理性"限定为"纯粹实践理性"，甚至完全因袭《实践理性批判》对"实践理性"的纯粹形式规定。在此，实践理性囊括了道德生活中的一切主观筹划和选择的能力，而不深究其感性或理性、特殊或普遍、任意或必然等区别。直言之，在这里，"实践理性"并未带给我们任何先见，由此形成的只是一个实指定义。

　　按照一般认识理念，伦理学不可避免地遭遇研究对象的规定问题，从而面临一个通常理论困难——认识的起点与终点之间的循环怪圈，即启动伦理学研究的关于认识对象的定义，作为事物的本质必然要牵连认识过程的结果。一切采用抽象定义方法规定伦理学对象的做法都必然不能摆脱这一循环怪圈，因为任何抽象定义都已经程度不同地切入对象的本质层面。循环必然掺入独断并瓦解理论认识的逻辑有效性，因而为严格理性精神所当竭力避免。用关于伦理学对象的实指定义取代抽象定义，成功地躲开了这一循环怪圈，因为它仅仅感性地现场指示现象，并不试图超过指定事物这一职事的需要去解释现象。然而，关于伦理学对象的实指定义相对伦理学研究的需要来说并不是可以直接利用的定义，不足以有效地向伦理学提供充足的研究限定，因为现象具有构成上的无限的内容特殊性，有待进一步提炼和确定足以从中发现道德本质的特定内容，它构成关于道德本质的抽象把握。在这一认识水平上才能最终厘定伦理学的着力方向。对于已经给出对象的实指定义的伦理学来说，这一认识任务并不是可以通过进一步的观察或推理而简单方便地完成的，因为观察性归纳不能超越经验性，在逻辑上也是一个无限开放的过程，没有认识可靠性，而在逻辑上从特殊内容不能直接推出普遍原理。相反，厘定伦理学方向的工作具有高度的复杂性。伦理学史上关于道德本质的争论线索可以消极地证实这一点并积极地暗示伦理学思维转向的必要性。

正是由于没有作出或者忽视了对上述归纳定义的逻辑反思和批判，以往的伦理学常常带有一个严重的认识方法错误，即把某种道德现象内容直接提升为道德本质，试图以此获得关于道德的抽象定义，便捷地确定伦理学的理性起点，从而省略了为伦理学寻找方向这一元哲学谋划的重要环节。从现象层面上看，道德与实践理性是同一的，即道德作为一种行为现实，必然被实践理性这种主体能力所塑造，有怎样的实践理性就必然有与之对应的道德现象。因此，道德本质与实践理性原则具有相通性，即道德本质直接表现为道德判断标准（原则）。也就是说，关于实践理性的论断经常通过道德本质的界说表现出来。在这种认识条件下，关于道德本质的争论就往往采取道德判断或与道德评价原则冲突的形式。所以，上述的不当方法恰好导致不可对话的诸多相互对抗的道德判断原则。显然，道德现象具有诸多特殊内容，在逻辑上它们都可能作为本质认识的起点而设定相应的道德本质，给出一种"道德是什么"的说法。被弗里德里希·包尔生誉为真正的道德哲学的科学叙述之父的苏格拉底，从道德的价值因素出发，借用一个善概念来规定道德判断原则，认为道德就是求善。但在苏格拉底乃至后来的很多伦理学家那里，虽然善常常被用作道德判断的根据，但始终没有做成关于善概念的普遍论证，因而其意义一直带有主观任意性，不同的个人理解和赋义就制造一种不同的道德判断原则。柏拉图把善理解为"由事物自身本性所决定的东西"[①]，

---

① ［德］弗里德里希·包尔生：《伦理学体系》，何怀宏等译，中国社会科学出版社1988年版，第41页。

构成一个理念世界,因而认为道德就是按照理念秩序而生活。亚里士多德把善标示为幸福,并认为真正的幸福存在于理性活动之中,当然也就像我们预想的那样把道德看成是追求精神幸福的活动。伊壁鸠鲁把善归结为快乐,断言道德只不过是快乐地生活。但是,基督教伦理学却蔑视现世认为至善的东西,而把它的对立面恶(原罪)作为道德思维的出发点,以消除"恶"的爱作为道德本质。康德则把道德判断原则放置在主体的主观意志一侧,认为动机的善是道德的标准,进而又把道德的绝对规范性视为动机善的根据。居友抓住道德中的人本特性而强调"必须在生命的物质形式或道德形式上向生命要求一种行为原则"[1]。罗素认为道德的善决定于欲望和情感,因而不可能制定道德行为准则。如此纷繁的道德判断原则被人们概括为三种,即利己主义、直觉主义和功利主义。按照享利·西季威克的表述,利己主义原则即对每个人来说,行为的合理目的是他的最大幸福或快乐;直觉主义(义务论)在道德行为的动机或目的中设定看清何种行为自身就是正当的和合理的直观标准;而功利主义则把社会最大限度的幸福作为道德判断原则(普遍的快乐主义)。实际上,稍加分析就不难发现,无论是动机论还是效果论,经验主义还是理性主义,各种不同的道德判断的共同手法就是把道德中的某种构成内容或属性直接提升为整体性的道德判断原则,知性抽象和混沌思维是造成它们之间的对立和各自错误的认识根源。因此,它们的错误是一种必然的逻辑归宿,而它们之间的对立则是片面性之间的战争。

关于道德判断原则的争论一方面暴露出伦理学方法的缺陷,另一方面也透露出道德本质相关要素的一些消息,显示出道德本质的复杂性。这种情势要求重新寻找伦理学研究方法,并确定分析道德判断原则的合适入手点。

发现道德判断原则或道德本质,实际上也就是在剖析普遍的实践理

---

[1] 万俊人:《现代西方伦理学史》,北京大学出版社1990年版,第173页。

性，其目标本身具有普遍性。而具有普遍性的认识结果只有在针对具有逻辑普遍性的内容所展开的分析中才能获得。无疑，这就要求探寻道德本质的活动决不能从直接的道德现象着手，而应该针对统辖这些对象的上位概念进行，不是在道德现象之分布范围方面而是在道德现象之具有逻辑普遍性的规定中追寻实践理性。另外，认识的完备性和可靠性逻辑地要求必须针对实指定义所确定的道德现象的全部可能内容进行，逻辑上无遗漏地覆盖道德现实，即要从一个完整的道德事实区域中分析实践理性。在概念当中，类概念且只有类概念恰好满足这两个认识要求，即它既具有逻辑普遍性，又具有事实概括的大全性。因此，道德本质认识的合法的直接切入对象是某种关于道德现象的类概念。道德常识告诉我们，道德不是想象的主观事件，仅以主观状态不足以成就道德，而是必须见诸行动。因此，"行为"这一具有主观和客观统一性的概念正是道德现象的最高抽象概念，是分析道德判断原则的合格切入点。

道德行为只是行为的一种。因此，行为的普遍规定性和内在结构必然向道德行为作逻辑应用而直接地就是道德行为的普遍规定性和内在结构的抽象内容，并制约着道德行为本质的进一步落实过程——为"行为"增添道德所当特殊具有的规定性——的形式和内容。可以说，行为的本质和内在结构是实践理性的最基本写照。行为作为人的某种主动性作为，只要不是纯粹的主观内在行为即心理行为，就必然以观念为前提，是这种观念的现实投射。而如前所述，道德恰恰排除了纯粹心理行为。因此，对伦理学有意义的行为即为现实的行为，以下就用"行为"指称这种现实的行为。

因为伦理学为本质之学，以揭示事物的普遍构成规律为目标，所以伦理学中的行为研究只能是逻辑构成分析，而不会是其他类型的分析，如心理学分析、行为学分析、社会学分析等。行为是人伴随自我意识的活动，任何行为都必然以一种观念为前提，正是在将观念现实化的环节上完成一个行为。因而从构造要素的角度上，行为由观念和行动造就。

行动就是观念图形在现实世界中的翻版。显然，观念和行动这两个抽象的行为的基本构成要素处于联系之中。进而，观念在"行动"的策应下具体化为由目的、意象和主观因果所构成，其中意象以其相对行动的直接规定性而占据中心地位。其机制为，作为设定和指导行动的观念，必然包含设置行动的目的即所期望的效果，它是观念活动的条件。而意象就是对行动图式的主观勾画，它具体规定行动的内容和样式。另外，作为有意识的自觉筹划，在观念中必然要形成特定意象所能造成的因果链条及其效果的表象即主观因果，先于行动而主观地把握意象的存在意义。目的、意象、主观因果三者之间构成绝对规定关系，即目的启动并规定主观精神的意象构造活动，意象内容按照主观认识决定主观因果意识，而主观因果意识作为对意象效果的具体预设支持和见证目的，使目的获得具体内容和实现保证。在这种绝对规定关系中，除了目的与主观因果之间的关系仅仅具有抽象的互相充实这种逻辑上的重复性质而没有实质意义外，另外两种关系都进一步实质性地形成新的关系，促生新的观念构成成分。一方面，在目的与意象之间必然产生评价作用，即目的支配意象并评价意象内容，在合目的评价中形成和实现意象的要求，此即动机。另一方面，在意象与主观因果之间构成意象内容的具体因果发展认识，从而产生判断活动，此即理论性的理智。

与"观念"相对的"行动"作为现实世界的事物，必然有其客观对象，没有对象的行动是不可思议的。同时，行动的方式和内容必然是自然作为，因为行动按照其本义就必须是人的积极活动，而且按照作用的可能性，这种活动必须采取与对象同质的存在形态即自然活动。另外，自然世界中的行动必然要自发自在地引起客观因果，这种客观因果构成行动的一个要素，没有客观因果效应的行动是不可设想的。在客观对象、自然作为和客观因果三者之中，自然作为以其对行动的直接承担地位成为中心环节，同时三者之间形成绝对规定的关系。在自然作为和客观对象之间形成自主的作用与被作用关系，自然作为选择和决定特定对象，因为自然作为以意象为根据，是在以"主观因果"认识为条件的因果期望下产生的。另外，在自然作为和客观因果之间形成自在自发的决定与被决定关系，因为虽然自然作为初始地决定了对象世界的因果发展链条，但自然作为之后的因果发展已经处于客观的因果规律支配之下，并不一定符合自然作为之前的因果期望。而客观因果和对象之间仅仅形成分析性蕴含关系，即客观因果正是对象的存在规律的表现，对象决定客观因果。在"行动"的三种构成要素之间所形成的不同关联关系，都是一种客观作用，遵循客观规律而自动进行，无须其他作用因素介入。因此，在"行动"的构成内容间，不再生成新的实践理性构成范畴。也就是说，"行动"的三个构成内容之间形成一个连续的自然过程，因而只以总的结果即"客观因果"显现其意义。但是，客观因果却发生与主观因果的对比性联系，从中发生关于行为的真理性评价，从而生成效果概念。

动机、理智、效果共同造成行为的一种内在选择处境。因为效果概念包含着理智的有限性和可错性，在任何条件下行为主体都无力保证充分认识到了意象的正确性，或者已经圆满地找到了可以达到目的的意象，他从而面对一种不测、取舍或缺失状态，所以必须自主地和超越理性把握能力地去下决心以选择一种行动。此即人的意志。显然，实践理性就是这种意志。由此可见，意志并不是像人们所经常认为的那样是一个纯粹的非理性现象，而是具有复杂结构和不同构成内容的理性与非理性的统一体。

二　重新界定的伦理学：活动场域与应然作为

通过对行为的一般经验构成的内在分析，描述了实践理性的基本架构。但这仅仅是一个伦理学的导引而非伦理学本身。因为，一方面，如此发现的实践理性相对伦理学意义上的实践理性过于宽泛，虽然它肯定是后者的属性，但毕竟还要具体地添加道德规定性；另一方面，整个实践理性的勘定工作表现为功能分析，即仅仅着眼于功能的结构，寻找致

成行为的抽象要素，而不能同时发现这些要素的内容或内容类型及其相互间的具体存在的关联关系。尽管如此，由勘定实践理性所确定的实践理性结构却限定或者说标明了伦理学的视野，为伦理学的研究兴趣提供了规范。以往的伦理学由于没有完成这一确立研究因子的认识程序，所以总是陷入研究兴趣的独断之中，即根据对道德的片面感觉而任意选定伦理学的着力方向，比如经验主义伦理学单方面地在道德行为中去观察和搜寻道德的感性特征，而理性主义伦理学只对道德的理性成分感兴趣而在道德行为中萃取理性印记，等等。显然，对实践理性的初步勘定，给出了道德行为的内在相关因素，把伦理学研究限定在特定范围之内。直言之，伦理学必须同时全面关注意志、动机、理智、效果、目的、意象、主观因果、自然作为、对象、客观因果等诸多问题，它们一起构成伦理学的活动场域。因为在这一场域内，意志占有综合其他要素的最高地位，是行为的最后致成根据，所以伦理学作为实践理性的解释，也就是一种意志学。然而，这种意志学由于与内容相关而超越抽象的单纯选择意义，所以又截然区别于康德仅仅接受外在规定的自由意志伦理学，在此，意志要具有自身的内容。

虽然在所勘定的实践理性框架中要求考虑具体内容，因为其中动机与因果的联系排除了只做简单的动机性质处理而避开理智认识的可能性，使得康德那种纯粹形式主义伦理学失去了存在合理性。但按照伦理学的目标，它却不能涉足具体经验内容，而必须活动在普遍性领域之内，仅仅一般地抽象考虑经验内容的普遍功能或影响。伦理学的目标在于理解和解释实践理性致成道德行为的普遍原理，而不在于进行具体的规范设计和道德实践指示，因为这是被经验的无限开放性决定所力不能及的。[①]伦理学知识先于可能的具体情境内容，不可能切中这种未来的具体内容。

[①] 崔平：《从实践性到批判性：对伦理学传统自我意识的革命》，《江海学刊》2005 年第 1 期。

一切理论知识都只能是普遍性的，有理论前途的伦理学认识必须在普遍内容区域内展开。

由经验构成分析所得到的实践理性各个要素之间显现为实在要素之间从低到高的分离性的制约关系，但按照存在综合的逻辑秩序却是从高到低的构成和推演关系，有着完全不同的认识展开方向。认识方向翻转之后，所有在原来方向上处于低级地位的概念内容都在逻辑上必须由新方向上的高级概念推出，即具有对它们的涵摄性。因而外在而被动地设置的经验综合转化为主动的逻辑综合。相应地，必须不再把在经验分析中所得到的各个概念看作外在于相对自己为高级的那些综合性概念，而是看成内在于占有相对高级综合地位的概念，并努力具体探求实现这种综合结果的特定内容。在逻辑综合中，最高的也是起点的概念取代经验综合中的起点而成为发展出一切认识内容的中心，虽然这一思想展开过程在表面上看是逆向重历经验分析的各个环节，但实质上却具有截然不同和完全独立的认识内容，即经验分析仅仅抽象地和孤立地指出经验构成要素，不能揭示其内在普遍本质和联系，而综合却正在于赋予每一概念以普遍本质规定和联系方式。

伦理学不是要生造和灌输道德原理，而是要发现道德行为的客观形成规律。而按照存在的内在逻辑结构，必然是普遍内容制约相对特殊的内容。在初步勘定的实践理性构架中，行为处于最低逻辑地位即具有内容特殊性，而意志占有最高普遍性，因为动机、理智、效果等要素必须统一于"意志"，是"意志"以自己的内容赋予它们以内容规定性和互相间的有机联系，"意志"的内涵决定所有其他实践理性的环节。这使得意志不仅仅是一种单纯的决心，而应该有自己的内容。所以，伦理学必须说明意志本身的产生和内容，并进而说明其他实践理性要素。由于要解释道德行为，而行为是一系列普遍规定性连续作用的结果，只有连续的概念系统才具有规定具体经验的功能，所以这种伦理学不是简单和孤立地给出各种要素的定义，而是必须揭示它们之间的系统联系和向现实行为的发展环节。

正像在勘定实践理性的过程中作为分析起点的"行为"宽于"道德行为"一样，所推得的"意志"概念也是宽泛的，还不是真正伦理学意义上的"道德意志"。因此，一种致力于内在理解的伦理学，必须在实践理性框架的概念中逻辑地分析出"道德"概念，并把它注入各个概念之中，从而真正直接而具体地说明道德行为。康德的伦理学都未能做到这一点，因而他的伦理学带有抽象、空洞、牵强和经验附会的缺陷。康德以一个一般的意志作为道德意志，然后直接为它外在地添加"应有的"属性，既没有揭示意志的内容，只是抽象地把它规定为选择能力，也没有说明何以自由就完全是道德性的。这必然导致不能为伦理学提供丰富和必要的内容，使得很多推理显现出在经验诱导之下强而为之的痕迹。

一种要求解释有效性的伦理学必须能够成功解释那些基本道德问题。因此，立足于理解实践理性的伦理学必须面对如下问题：个别主体何以能够具有普遍意志，个体与社会的形式对立如何得到调节，道德意识何以必然存在，道德行为何以偶然而不必然发生，道德动机的类型和根源、道德认识的类型、道德真理的特殊形态为何。

三 伦理学任务的内在方法诉求：综合式前提批判

根据对伦理学所做的界定性分析，推求道德行为的完备构成原理是伦理学的任务，并且，由于行为存在完满性，它不能满足于抽象地指出道德行为的属性，比如道德是普遍的、社会性的，而是要揭示这种属性的承载内容或者说造就这些属性的内容，规定由它们所造成的道德行为构成原理的整体。因此，道德行为的完整存在构造而非零散的道德意识原理就成为伦理学的本真认识目标。伦理学的这种任务蕴含着对其实现方法的特定要求，即特定形态的任务在逻辑上要求与之相匹配的解决方式。

分析结果表明，实践理性包含不同层次的内容，而行为的统一性决定与它的存在具有相关性的实践理性各个内容，必须在相互关联中共存。按照存在构造的逻辑，共存的各个内容之间必然形成有序的制约关系，表现为层级性逻辑综合，即由一个最高内容统摄相对低级的内容，以此类推，形成相对性的普遍—特殊制约关系，直至特殊经验内容这一有限理性不可预断的边界线。也就是说，等待伦理学加以具体揭示的那种可能的实践理性具有层级综合结构。而层级综合结构进一步决定，对于作为伦理学可把握对象的内容之间必然存在相对的逻辑普遍性等级，并显现为有序的条件序列。因为，在一个存在结构中发生的制约—被制约关系，只能被设想为逻辑意义上的普遍—特殊作用形态，而不可能被设想为分离物之间的因果决定关系。对于分离物之间的因果关系，当然可以设想一种具有平等地位的特殊内容之间的相互作用关系。进言之，在关于存在构成的认识中，只能进行属性思维，而不能进行实体思维，即属性而非实体才是认识的材料和构造单元。

因此，在这种伦理学任务的观念下，伦理学任务的实质就在于追问、揭示和描述道德行为的诸多普遍条件。由于可能的作为普遍条件的诸多内容必须处于特定的相互作用结构中，并且以逻辑联系形式存在，所以孤立、零散和随意地指定它们并不能满足伦理学任务的要求，因为这样既不能保证列举的完全性，也根本不能准确揭示它们之间的关系，相反，伦理学要想是科学的，就必须采用能够具有与实践理性结构形式相匹配的方法，使据之所作的思维运演形式同一于实践理性结构的形式。显然，必须让逻辑思维而非自然因果认识主导伦理学。那种考虑具体道德规范向道德行为运用的经验性事务不属于知识性的伦理学的范围，甚至那种设计道德规范的事务也由于缺乏实践理性的抽象普遍性或者说不属于实践理性本身而不在关于实践理性的解释的伦理学之内。在如此设想的伦理学之中，那些可能的"诸多普遍条件"必然构成对道德行为前提的追问，形成一种条件序列，从中显现出实践理性的能力和存在方式。因此，伦理学任务具有认识上的批判性。

作为对道德行为普遍条件的追问，伦理学任务还带有先验性。因为，这些普遍条件的存在形态和功能性质具有先验概念所表达的特征。第一，这些普遍条件先于道德行为而构成一种道德态度，由此成为启动道德认识和推动道德行为的基础。因为道德行为必须主动进行，所以如果没有在先的道德图式或观念，就不可能有任何面对道德问题时的反应，包括道德判断活动和在实在世界中的行动。而这些普遍条件以其逻辑普遍性形成对一切对象的处置和作用力量，是道德反应能力的观念前提。第二，这些普遍条件以其条件本性就在逻辑上优先于其致成对象。第三，所有普遍条件内容都必然归属于观念，采取观念的形态才能发挥作用，即使是那些似乎牵连客观对象的内容也只有作为认识结果才能成为普遍条件。而这些普遍条件以其逻辑普遍性就必然排斥经验的外在性，即不可能由经验内容来提供，而只能是为主体所本然具有的能力。第四，所有普遍条件作为道德行为的致成条件都必须通过具体的道德行为显现出来，在道德行为之中存在。

先验性与批判性相契合，使伦理学任务显现为一种先验批判。

有效的先验批判必须构筑起致成经验对象的充分概念或原理体系，因为现实存在具有完整性，原理的残缺即造成先验批判的理论解释的无效。这便向作为伦理学任务的先验批判提出特定的方法要求。特定的认识要求所具有的认识品质必然折射为一定的认识方法要求，因为特定的认识品质只有在特定的认识方法中才能生成，任一概念和原理以及它们构成的整体的逻辑品质，都只能来自认识方法所固有的逻辑品质，比如归纳所得的结果必然在逻辑上具有偶然性和不确定性，演绎所得结论则具有逻辑必然性和普遍性。

逻辑上完备而有效的先验批判方法为综合式前提批判。先验批判的目标就是建构关于认识对象的具有逻辑普遍性的哲学理论，其理想知识结构为不同等级的普遍概念和原理在相互连续的规定关系中给出特定对象领域的根据体系。哲学理论的这种逻辑普遍性决定了哲学建构的方式。

哲学要建构关于研究对象的互相关联的概念体系从而获得关于具体存在的具有逻辑普遍性的认识。而且，这种逻辑普遍性指向现实对象的存在。存在是具体、充实和完整的。因此，作为存在致成条件的普遍概念必须充分和完备，有所欠缺的概念体系就不能显现出对现实的有效性。完备的概念体系必须通过综合方法来建构，即必须从可能的知识体系的最高概念开始，采取综合方法（前进式）展开。因为，只有综合方法才能保证哲学认识的完备性和最终有效性。在综合方法中，可能的根据都在先展露，每一认识环节在逻辑上以完备的根据为推进条件，因而其结论是准确和确定的。相反，如果采用分析方法即由特殊到普遍地认识给定对象的根据，则在逻辑上陷入片面性，因为可能的根据尚付阙如，每一认识环节都缺乏自己所当拥有的完备根据，即在根据不充分条件下进行断言，必然遗漏必须涉及的内容，无法揭示事物本然具有的全面联系。严格有效的哲学建构必须是综合式的普遍本质的递次揭示。其他方法尽管可以是哲学的即相关于哲学认识目的，但只能是哲学的预备性探索，最终都必须回归到以综合方法进行哲学建构这一正题上来。哲学建构的综合方法是对事物存在前提的有序揭示，构成一种前提批判。从关于对象的最普遍本质开始，然后展开指向现实问题的综合式概念推演，直至达到哲学理论相对现实问题的充分发展。这一过程构成哲学理论建构的正题，是一种综合式前提批判。

可以断言，综合式前提批判能够在逻辑上保证认识的完备性，是相对当下伦理学任务具有最大逻辑保真度的理论构建方法，而且一致于任务本身所内在的认识要求。康德伦理学的哲学缺陷正在于，它行走在分析式前提批判的道路上，即采取了如下整体论证策略：在设定某种道德事实的基础上逆向地确定道德存在的条件。

四 完备描述实践理性的可能道路

对实践理性结构的重新勘定所确定的新实践理性观念已经完全超出

康德的实践理性概念，具有更加丰富的待规定内容，一切与道德行为相关的因素都被归为伦理学的当然课题。依照事物构成的一般存在逻辑，要完备阐释道德原理就必须采取综合方法，而根据伦理学任务的先验性和批判性，这也就是要求展开综合式前提批判。

起点决定综合式前提批判的前途和命运。在逻辑上，起点在综合式前提批判中承担着开发出全部所期望内容的任务，必须具有与之相当的蕴含潜能，因而绝不可以任意独断，相反，必须通过分析式前提批判在对存在因的相关追溯中加以科学确定。在分析式前提批判中所确定的存在关联作为事物的直接现实关联，是通过事物的实质构成内容实现的，因而是事物内在存在关联的现象和结果。所以在可蕴含最高概念的事物与存在关联之间具有某种关系，在被存在关联所包含的事物中包含着综合式前提批判所追求的内在关联内容，并提示着综合式前提批判的恰当方向。存在关联所显示的存在根据的自然秩序——因果性的和类属性的——指点着综合式前提批判所追求的内在普遍关联关系的线索。分析式前提批判在逻辑上是无限后退的，但被特殊的问题所制限，它可以是有限的，即追问至那个可以充当认识对象的充要条件的事物便可作结，因为按理它就在存在上包含认识对象的一切条件，可以发展出给定认识对象的全部普遍规定性。[①]

简要地说，由于道德的全部现实集中于道德行为，所以行为就是伦理学中分析式前提批判的对象。行为的主体或者说前提是人，而人作为行为主体的前提是有意志。最后，意志是一个发生在意识存在领域中的意识现象。意识是与行为直接相关的存在物，其他所谓影响意识的事物都必须进入意识之中才能成为决定行为的现实因素。因此，从自然因果的意义上，意识是在道德研究中展开综合式前提批判的入手点。

[①] 崔平：《原创法度：哲学原创本质、方法和规范的逻辑分析》，《江海学刊》2003年第4期。

然而，对于伦理学来说，综合式前提批判的真正起点也就是道德的最高本质概念或原理，而绝非笼统地是一个存在物。因此，分析式前提批判所确定的入手点——意识存在——在逻辑上仅仅揭示了求取最高本质概念或原理的处所，并不能直接作为综合式前提批判本身的起点。因而浮出这样一个问题：一般地看，伦理学的那个最高概念是否能够被意识存在蕴含？

作为综合式前提批判中的伦理学的最高概念，形式上必然表现为在道德判断中具有最高规定地位，即可以做一切道德判断对象的宾词，所有现象因关联它才有可能被划入道德领域。在存在观点上看，这一最高概念表现为道德判断对象的某种属性。而从认识上来说，这一最高概念所表达的属性作为道德判断对象的存在属性的构成内容而存在，道德判断仅仅是对特定对象是否以及应否具有这种属性的一种确认，因而表现为一种评价标准。而就道德存在直接归根于主观意识来说，对于批判伦理学，恰当的做法必须是把这一最高概念放置在主观性范畴中来理解并加以追踪。在道德评价领域，善是最普遍的评价范畴而不被其他概念所规定，道德之善的意义在道德思维中处于绝对原始的地位。善作为一个道德概念在逻辑上也同时具有对道德判断主词和宾词的综合性，即善的一定是真的——"真"是主词作为事实的指谓者所牵连的最高认识要求；但真的不一定是善的——善于此显示出对存在的特殊选择性并将其置入价值维度。① 善是造成道德判断即把特定主词与宾词以"应当"形式联系在一起的根据。因此，批判的伦理学必须从"善"切入论题。

对于理性思维来说，一切断言都要求给出特定根据。根据意味着更高的存在地位。因此，在善被规定为道德论域的最高概念之后，其根据已不可能属于道德论域。任何在道德论域内寻求善之本质规定的做法，

---

① 崔平：《有限意识批判》，吉林教育出版社2002年版，第（89节）364—367页、（91节）373—376页。

· 173 ·

都落入分析模式而面临方法论困难，因而不能用道德现象作为定义善概念的线索和材料。道德论域在此显现出其非独立性，亦即相对于道德论题的理性解决要求，它是非自足的，需要依托某种论域外的思维来支撑。伦理学由此面对两种不同道路的选择，要么放弃严格的逻辑要求而依凭经验给予伦理学一个独断论开端，要么坚持理性所指示的方向而暂且搁置伦理论断，依循善概念的某种存在属性向更高论域过渡，使伦理学最终扎根在安固的基础上。批判伦理学以其前提追问本性应反对独断策略。以往伦理学的一个重大缺陷就是叙事上的独断论形式，其后果就是由独断论的片面性所带来的伦理学体系的破产和道德论断的贫乏。

  运用善概念的道德判断是一种认识活动，善概念在其中必须以主观观念形态存在。而且"善"在道德判断中作为最高宾词适用于一切特殊的主词，在与主词特殊性的关联中保持普遍同一，享有超越特殊性的绝对普遍性，因此它剔除特殊差异于自身之外，不包含经验实然内容，只能是一种抽象的形式规定。就这个"善"在判断中总是关联和针对某种事实而言，它所拥有的形式规定必然是关于存在形式的理想。因此，"善"观念作为一个意识存在，表达的恰是一种存在形式，具有在抽象的存在观点下的自相关性，即存在在自身之内以意识这种特殊形式的存在，表现了存在的一切可能世界的普遍形式。实际上，这种自相关是意识存在内的自我制约，因为"善"的观念性把与之牵连的一切事物都拉入观念界，它们都必须采取意识的形态才能进入认识活动，所有可能的"存在"都是意识中的存在。也就是说，一切可能的认识都只能在观念界内进行。因而，善作为一种存在形式理想，是意识以一个意识存在向所有意识存在提出的存在构成要求，换言之，是意识对自身普遍存在形式的表达。由于善无关于内容特殊性而只与它们的关联形式或者说存在结构相关，所以它只决定于意识这种存在的纯粹构成规律。从观念生成的认识特性看，意识只能以其可能有的存在形式给定一种存在形式即形成某种存在观念。所以，"善"来自意识存在现象，在意识存在论域有其根据。批判伦理学这一关于道德行为的批判问题，其解决在本质上具有关涉意识的存在论基础。

以意识存在为分析对象来给进行综合式前提批判的伦理学寻找最高概念或原理，其本质也就是对意识存在展开无前提的批判研究，揭示意识的普遍存在规律和原理，因为批判性认识的反前提性要求某种认识必须坚持把前提批判贯彻到底。可以说，这本身就是一个重大的哲学专题。①

在意识批判中获得了可资作为综合式前提批判伦理学的最高概念或原理之后，伦理学的正题建构即告开始，其目标为推演出全部道德构成概念或原理。被综合方法所决定，由此展开的伦理学必然在构成面貌上呈现逻辑推理形式，而在内容上必然落入先验批判范围，因为它所关涉的内容都是作为道德行为可能条件的普遍概念或原理。可以预断，先验论域的普遍存在规律必然影响伦理学中的综合式前提批判的展开结构。

先验论域具有某种普遍的内在逻辑结构。事物的先验规定性必然具有存在普遍性，在事物的具体存在中作为必然有效的要素发挥规定作用，否则，即不成其为先验形式。而事物存在的对象同一性和整体性，要求诸先验形式间具有统一性，在相互作用、规定和协同一致中成就事物的存在。也就是说，所有先验形式必然针对同一事物的实在构成内容同时施加自己的作用。因此，那些可能的先验形式间必然存在普遍联系，互相按照某种逻辑结构形成内在的规定和被规定关系，使先验论域呈现一种逻辑秩序。任何一种可能的先验论域都必须以在统一的逻辑结构中完备有序地安排所有先验内容的方式存在。由于先验论域的内容按照其性质作为现实具体事物的构成原则而存在，所以只有具有统一逻辑结构的先验论域内容，才能具有同一目标而有效地执行先验致成的构造功能。那种所属内容间缺乏普遍联系而互相割裂甚至对立的先验论域，在逻辑

---

① 崔平《有限意识批判》已经做出解决这一意识批判问题的努力。

上无法说明具有绝对综合性的特定存在，也不能真实地切中具有同一性的存在现实，从而按照对先验论域的本质赋性或认识期望，不能称其为一个先验论域。

　　按照先验条件的功能，先验论域内的每一可能内容，对于它们所有效管辖的对象的存在，都具有同等的普遍性，即普遍作用于对象整体而享有同一的有效区域。反过来说，一个现实事物的每一特殊构成内容都同时受到所有先验条件的制约，以满足那些先验条件的方式而存在。适用对象的这种绝对同一性，决定诸可能先验条件间具有完全的互相渗透性和重叠性，在存在上不可分离，没有界限。就其现实性呈现于存在物的存在中，而存在物的存在以每一先验条件为必要条件来说，那些可能的先验条件具有协同整体存在特性。因此，先验论域不存在因果关系，因为因果关系具有逻辑上的存在分离性。同时，由于每一先验条件都直接作用于同一对象领域，各自具有绝对普遍性而排除了外在限制可能，因而都呈现单纯的积极肯定规定性，不能包含由差异决定的消极否定内容。不同先验条件作为协同规定，如果平等并列式地相互作用，即形成否定限制而构成一个先验条件的差别属性。而差别只能说明分离而不能说明统一。消极否定在逻辑上不具有存在的实在构造功能。也就是说，它们都仅仅以"是"这种逻辑形式，而不能以"不是"这种超出自身内在规定而与其他先验条件联系的逻辑形式作为表述形式。单纯肯定性表明，先验论域的对象作为普遍概念不是在平等式的互相限定中生成或取得存在规定的，相反，具有存在构成上的内在自足性。所以，先验论域所可能具有的关联结构不是某种直接外在关系。相反，考虑它们之间的存在同一性，只能是一种内在蕴含。由于要求先验论域表现出统一性，这种蕴含必然采取趋向单一化的收敛形式。否则，先验论域就不能发挥统一功能。单向限制这种综合形式必然是先验论域的结构。而且，在否弃了因果型关系之后，这种单向限制表现为对特定存在形式的必然选择，是对上位先验条件规定性的满足方式。在这种秩序下存在的先验论域，呈现为对具有最高地位的先验条件的逻辑发展和引申。按照必然要求而设置的下位先验条件与其上位先验条件具有认识上的逻辑导出关系。存在的相容性和效果的一致性，使先验论域具有逻辑统一性。其中的关联不是在差异的层面上而是在事物构成的意义上发生，是特定规定性间的单向决定作用。

先验论域的普遍逻辑结构与经验存在物构成内容间的存在关联异质。经验特殊内容在其存在显现中分享同一原理而发生关联，它们之间相对那种存在原理具有平等地位，共同实现该存在原理，亦即一起形成该存在原理所要求的关联关系。因此，参与现实经验事物的特殊内容间具有存在整体性，而且形成关联限制作用的相互性，从任一构成内容都可以达到其他内容以及内在关系，表现为无中心和无必然秩序。从认识论上看，在经验特殊性视角上的这种存在关联展开方向和秩序的自由，就是关于事物解读的偶然性。显然，反逻各斯、反中心的后现代主义只在经验论域内有效。后现代主义者正是落入了经验特殊性圈套而片面地论断世界的存在形式。平等地相互依存、相互规定这样的关系类型只对有限的特殊存在内容有效，而不能适用于纯粹普遍的形式规定。

如果能够严格地展开以意识存在形式为起点的综合式前提批判，在逻辑上就可以期望对实践理性的全部要素和活动环节作出内在具体规定，使得许多道德范畴必然涌现，从而意志、善恶、动机、德性、理智、效果、幸福等实践理性构成内容自然地与我们照面。由此，那些长期困扰人们的一系列道德问题，如道德判断原则、共同道德感如何可能、道德规范何以发起和普遍同意、道德义务何以被认领，也必然从中获得足以安顿理性的答案。尽管时下风行无答案哲学，但认识的本来意义和综合式前提批判方法本身的强大逻辑力量都使我们满怀对答案式哲学的信念。

康德批判哲学的前提独断及其再批判方法*

——敞开《有限意识批判》的哲学身份

在对独断哲学（唯理主义的"大理石"独断或者还包括经验主义的"蜡块"独断）彻底失望之后，康德走上为知识的可能性进行辩护，寻求对象知识何以可能的可靠根据的哲学征程。其实质为，撤销空洞苍白的"大理石"和"蜡块"比喻这两个理论前提假设的有效性，理性地构造认识的内在机制和原理。这种前提批判产生了认识论上的"哥白尼式革命"，至今被看作一块哲学智慧的伟大丰碑。但是，康德的批判哲学残留更精致、更隐蔽也更巨大的前提假设，蠕动在独断的外壳内。就前提批判是理性的永恒权利，而且每每引发认识革命而言，这意味着对一切向往智慧的人提供了进行一次更重大哲学革命的机会。

一 严格理性趣味中的"独断"概念

在纯粹认识领域内，理性要求赋予一个论断以根据，也就是提供论证。通常，对于那种没有提供任何根据的论断，人们称为独断。这是一般知识分子都有其观念的一种日常形态的独断，没有任何异议的经典独断形式。但是，在实际认识活动中，论证的表现多种多样，它们提供给

---

* 该文发表于《江海学刊》2017年第6期，发表时的标题为《通向合格理性批判的哲学建构逻辑》。

论断的支持也各有不同，因而必须恰切地分析独断概念及其适用范围。

论断真理性的确定性和必然性是理性认识的追求目标。在理性的严格认识趣味中，禁止一切没有充分根据的论断，它约束认识活动按照清晰而必然的根据作出相应的判断，讲求论据与论断之间的效力对称关系，有什么样的论据就作出什么样的论断，不能超越论据的效力范围，否则即为非法。因此，所谓独断，就是论断的强度大于论证的强度。反之，论断的强度等于或小于论证的强度则为合理的和有效的论断。所谓论断强度是指一个论断的内容和被主张的方式；而论证强度是指一个论证系统的内容相对论断内容的完备度及出现和互相联系的形式，是否能够合理推出论断并与论断的判断品性相匹配。在理性的严格态度中，在论断与论证之间存在一种连续的联系程度变化关系，即从充分根据到完全没有根据，其间夹带匹配程度的连续减弱过程，除拥有充分根据的论断外，其他所有情形的论断都被斥为独断。

所以，所谓独断，不仅仅指公然抛弃论证而作出的论断，而且包括虽然形式上具有论证，但所提供的论证缺乏有效性的论断。对于严格理性来说，论证必须是实质有效的，而不能是徒具论证形式的敷衍。

需要强调，独断批评指向论断与论证之间的关系，而与论断本身的正确与否无关，即使一个论断本身偶然印合了存在而具有现实真理性，如果它缺乏有效论证的支持也是独断。

独断是论证与论断之间逻辑联系状态的反映，本质上客观地蕴含于论证与论断的内容之中。但是，对于作出独断的认识主体来说，独断有不同的主观形态，即故意的和误谬的。所谓故意独断，是指认识者对于论证的内容或论证的构成的有效性没有把握甚至明知无效或错误，却主观地强行加以使用和推行，造成一个论断强度大于论证强度的论断。故意独断的动机只能有两种，即欺骗和侥幸，也就是或者为蒙蔽他人理智而实施独断，或者期望与好运相遇而碰巧撞到真理，前者可以被称为欺骗性独断，后者可以被称为博弈性独断。所谓误谬独断，是指认识者在认识上发生错误，把本来没有根据作用的内容或不能成立的论证联系却在主观上加以真诚确信，以致信以为真地作出不该作出的论断。

不管是故意独断，还是误谬独断，都发生于论断根据的缺陷。因此，论证根据的表现方式相应地决定独断的发生和存在形态。

严格理性的理想认识标准是对任何论断给出论证，也就是搜集、发现根据和正确地组织根据。其中，不仅个别根据本身有内容上的真假和作为根据的适当性问题，而且论证形式即诸根据内容的关联和展开方式本身也生成特定的论证有效性，影响论断真理性及其判定。就个别根据内容及其组织方式共同构成论断真理性的根据而言，可以整体地讨论免除独断的论断根据。

相对于论断的有效性要求，根据可以有以下几种存在情形。按照根据的完整性即量的充分程度，根据可以分为充分根据、部分根据和无根据。按照根据与论断的联系的性质即能否推出论断，根据可以分为必然根据、概然根据和虚假根据。就根据的完整性而言，只有拥有充分根据的论断是非独断的，而仅具有部分根据甚至无根据的论断都是独断的，前者可以被称为有限独断，后者可以被称为无限独断。无限独断必然是故意独断。而有限独断则在主观态度上具有复杂性，它或者是故意独断即明知没有作出论断的条件而强行为之，其中又可分为博弈性独断即冒险地相信论断之真和欺骗性独断即以误导他人理智为目标而进行；或者是误谬独断即误把部分根据当作充分根据。再就根据的性质而言，由必然性根据所作出的论断是非独断的，而从概然根据和虚假根据所作出的论断就是某种独断。由概然根据推出的确定性（无限制）论断不当地扩大了论断的可靠性，可以称为夸张独断，它可能是故意独断，也可能是误谬独断即错认了根据的性质。而由虚假根据所推出的论断，可以被称为空幻独断，它或者是故意独断，或者是误谬独断即没有识别出给定根据的虚妄不实。

独断这一贬义词指向的是认识过程本身，而非针对一个论断绝对地断言它错误,也就是说,一个独断论断可以碰巧是内容可接受的甚至是真理。论断的根据可以内在于论断本身,也可以外在于论断本身。一切综合判断都要求在判断之先和之外给出一系列主谓词之间作某种关联的理由,但分析判断则无须如此,因为其自身所表现者仅仅为蕴含关系,根据就在自身之内。分析命题中有一类貌似综合命题的特殊命题即所谓自明真理,其实质为在主词中逻辑地或必然地连带和蕴含另一个作为谓词或结果的内容,主词以谓词为存在条件,比如"我思我在"中的"思"和"在",就是"思"必然以"在"为成立条件。因此,分析命题没有作出新的论断,不适用"独断"与否的认识评价。一切分析命题都具有直观性,所以笛卡尔称其"我思我在"命题不是推理,而是伴随一切个别"我思"而当下被把握到的,是对"思"与"在"同一性的描述。

二 纯粹理性批判的两个独断及其类型

接过洛克点燃的理性批判火炬,全面深入地揭示知识何以可能的前提,是康德理论理性批判的自我意识核心。多少年来,其间的深刻、精致和绵密让后世叹为仰止。然而,即使忽略这一哲学内部所包含的连康德本人都抱有强烈意识的论证缺陷,一旦我们把目光的焦点从其哲学论证的内部过程转向论证的起点,并以同样的"批判"方式追加反思,就会发现批判灯火下的巨大黑影。

康德理论理性批判的结构布局(感性论—知性论—辩证论)根源于认识论的亚里士多德传统,即认识起于感觉经验,形成于理性(被动理性和主动理性)的加工作用,从而把认识阶段作感性—知性—理性划分。但是,关于人类的认识能力,前康德哲学史有诸多不同划分,包括亚里士多德的划分都没有提供足够充分的论证,这也是众说纷纭而不能统一的原因。康德的划分并没有超出历史上的水平,因此,按照哲学的严格批判概念,也是一种独断。这种独断对《纯粹理性批判》的影响至深,

直接决定问题的设置和追问程序。换言之，康德理论理性的问题，不论其实际上是否恰当，在认识形式上都表现出独断的不可靠性。

在认识阶段的独断语境下，康德相应地设置了三个知识形成的先验原理问题，即先验感性论、先验分析论、先验辩证论。而其论证的总体格式为形而上学演绎加先验演绎，二者构成整个体系的两个构造方向或部分。形而上学演绎推求先验主观形式、先验演绎阐明先验主观形式何以具有普遍的认识有效性（对于先验范畴即为必然的对象相关性，而对于先验理念即为认识综合推动功能）。形而上学演绎的起点是各认识阶段的经验形式，从中分析出相应的先验主观形式。康德把亚里士多德开创的传统形式逻辑认定为安固而有效的普遍思维形式。在第二版序言中，他坦言据以作出如此论断的理由为，"逻辑自古代以来即已在安固之途径中进行，此由以下事实即可证明之者，盖自亚里斯多德以来，逻辑从未后退一步，且吾人之所视为改进者，亦仅删除若干无聊之烦琐技巧，或对于所已承认之教诲，更明晰阐明之而已，此等事项与其谓之有关学问之正确性，毋宁谓之有关学问之美观耳。其亦可令人注意者，则降至今日逻辑已不能再前进一步，在一切外表上，已成为完善之学问"[①]。显然，康德为逻辑形式的真理性和完备性给出的理由处于流俗大众水平，是不充分、不可靠的。逻辑学内容的变化与否属于历史范畴，而过去没有变化不能证明将来就不能发生变化，不论这个"过去"有多么漫长。同时，历史具有经验构成性，在本质上是某种经验表现，而经验被康德一贯挂上偶然性标牌，拒绝赋予它必然性和普遍性。因此，康德借以信仰逻辑学的真理性的理由在严格理性的眼光看来是虚假的，假如没有逻辑学对自己真理性的合理辩护，那么这种信仰在实质上就落入康德本人所反对的独断现象。需要补充的是，康德本人没有给出更多或更好的理由来支持自己对传统逻辑学的信任，因此不论逻辑学本身是否具有绝对

[①] ［德］康德：《纯粹理性批判》，蓝公武译，商务印书馆1993年版，第8页。

的真理辩护力量，就康德本人的主观认识状态而言，都构成了一种独断，传统逻辑学本身是否真正达到了必然性和完备性问题的答案，只能辅助说明康德的这种认识独断的客观后果以及他的批判体系的客观有效性。

一种理论体系的必然性和完备性不能单纯由其构成内容来判定，因为特定内容只能表明其自身的出现合理性，却不能封闭也不能杜绝其他特殊内容的可能涌现，特殊内容按其性质向想象力无限开放，即使想象力的现实活动已经无力延展，这一事实也只具有暂时的心理学意义，而不能必然地排除特殊内容的可能存在空间。求证理论的必然性和完备性只能通过其塑造方法的内在逻辑品性来确定。只有一种理论内容的涌现获得了方法论上的必然性和完备性保障，才能被判定为永固的真理。为此用来发现并设立它们之间关联秩序的认识方法，必须具有可以向它们附加必然性和完备性品格的能力，而这决定于内容性的认识起点的存在地位和形式性的认识展开方式。如果作为认识起点的存在所占据的地位可以完全涵盖拟设论题的可能内容空间，并且由此开始的认识方法具有必然和完备地发现论域内可能内容的能力，那么所作理论构建就是可靠的。一个被作为认识起点的内容是否具有足够的涵盖能力要视具体问题加以具体地分析确认，但具有必然性和完备性保障能力的认识方法却可以普遍确定，即演绎方法，一切带有个别特殊性的归纳性认识都不能提供这种保障。因而可以连带地提出关于认识起点内容的补充规定，即它必须具有提供用作演绎方法的起点的能力。

带着上述标准反思亚里士多德开创的传统形式逻辑，可以拷问它的存在本性。

传统逻辑的诞生记是一部在时间轴上展开的历史而非一次性空间式绽放，这不仅仅是简单地基于对传统逻辑学内容的展现过程的描述所作的直观论断，而更是对其中历史添加内容间非蕴含关系的揭示。亚里士多德开创性地进行了形式逻辑系统的构建工作，在他那里可以看到传统逻辑的所有构成部类，即概念、判断、推理和基本逻辑规律。但是，他关于这些内容的考察都基于思维经验和相应的语言形式，而"口语是内心经验的符号，文字是口语的符号"① 这一语言与思维同一的论断也未经审查。经验考察的缺点就是难以保证论断的系统性和必然性，认识结果是一种偶然发现的主观事件。康德直截了当地批评亚里士多德的范畴列举是随意的、偶然的、零散的。现在应该把矛头直接指向他的判断和推理学说。关于判断，亚里士多德在对思维经验的巡视中仅仅瞥见了直言命题。关于推理，亚里士多德精彩地给出了三段论的格式谱系。但是，相应于判断分析的单调，他所重视的也仅仅是以直言判断所构成的推理活动。同时，他对推理的分类也不是以思维的内在机制为宗旨，而是被看作某种技艺，因而所作分类也未能永久保持在传统逻辑学中。他对逻辑规律的讨论不仅散落在不同的著作中（范畴篇、解释篇、形而上学），显现出非专题性，而且也没有非常直接和一致地确定它们的思维规律地位，相反把不矛盾律和排中律归结为存在的自明公理，只是间接地转换为一种思维要求，而对同一律未加详细讨论（有人甚至认为没有提及），同时也赋予它以不同于不矛盾律和排中律不同的属性即归类为思维规律。亚里士多德的逻辑学研究之所以存在诸如此类的现象，症结在于他的研究是思维经验丛林中的一场漫步，没有关于系统化地揭示思维普遍形式的方法论规划和约束，尽管他尽力挥洒高超的哲人智慧，但仍不能担保自己逻辑学建构的周延性。这种纯粹出于方法论批评的质疑很快就被麦加拉学派的逻辑发现所证实，他们在直言判断之外发现了条件命题（假言判断），并以更加鲜明的方式提出了同一律。麦加拉学派的继承者斯多葛学派又补充了现代逻辑中的析取命题（选言判断）。值得注意的是，两派都不是直接重复亚里士多德已然发现的逻辑学内容，而是各自提出了不同的诸多观点，即使对亚里士多德谈论过的逻辑学主题，也做出了

---

① ［古希腊］亚里士多德：《工具论》（上），余纪元等译，中国人民大学出版社2003年版，第49页。

许多不同的研究，比如概念、判断、推理等，显示出逻辑学的个性化和论断的偶然性。到中世纪，波伊提乌在推理表中又添加了假言推理。围绕康德所谓的固定不变的传统逻辑内容的这些发展和变化，是西方逻辑史的常识，它们的发现方法与亚里士多德别无二致。这说明传统形式逻辑从认识起点（不能担当追求普遍知识的起点的经验）到认识方法（零散观察）都不能保障其内容的必然性和完备性，更不必提及诸如归纳逻辑、现代数理逻辑相对传统逻辑的发展。逻辑学发展的这种历史性对康德所承认的传统逻辑的永固真理地位的巨大冲击在于，这些历史发展并不能被亚里士多德所开创的逻辑研究起点和研究方法所蕴含。反过来说，之所以亚里士多德没有发现它们，并不是因为他的一时疏忽而没有发现本该发现的东西，而是因为研究方式（归纳）所内在的知识发现的偶然性。也就是说，我们既没有必要替亚里士多德感到遗憾，也不能相信经过两千多年的持续发展，传统逻辑学已经达到圆满。吊诡的是，这种谨慎的最好例证就是康德，即正是他本人在使用传统形式逻辑作范畴的形而上学演绎时还临时增补了两种判断。

既然康德关于传统逻辑的主观信仰得不到这种逻辑自身必然性和完备性的背书，那么对传统逻辑有效性的信任和使用就是不折不扣的独断。这一独断建立在关于认识阶段的独断基础上，是对它的内容的具体充实，因而具有更高级地位，蕴含或覆盖了认识阶段独断。所以，可以归并两个独断为一个独断来加以反思。由于关于传统逻辑真理性的独断建立在不恰当或不充分的根据基础上，历史的不变性只能保证传统逻辑偶然地是永固真理，对此康德这样伟大的哲学家应该知晓，仅仅是无奈地加以采纳，所以对它的独断属于故意独断下的博弈性独断。

康德关于逻辑学的博弈性独断错失或掩盖了逻辑形式的根源问题，尽管它从中获得了知性范畴、理性理念，但它们作为逻辑活动的工具与使用它们的使用者认识主体的联系（精神存在源流）却晦暗不明，因而它们如何被适用于各自的使用对象的原理需要阐明（先验感性形式因关于感性认识的完全被动假设而躲过了这个诘问），这是一种严谨风格的认识论所必须面对的问题。由此衍生或者说赘附一个先验演绎课题，即说明先验范畴如何作用于感性材料而客观有效，先验理念（本身即已是一种观念性对象）如何引导知识走向更高级综合并最终接近自身即绝对综合。一种健全的批判性认识论，应该以综合方法统一地直接揭示认识的各种形式的源流和谱系，从而彻底显现它们的作用机制和效力。

在被动地接受先验演绎任务作为成全纯粹理性批判事业的补充措施之后，康德把先验统觉（机能）作为先验演绎的总根据，这一点在范畴的先验演绎中被明言，而在理念的先验演绎（推动认识综合上的有效性即"格率"演绎）中并未明示，只是间接地可以从"绝对的无条件制限之全体"观念中加以推断。康德承认了三个理念之间的统一问题，[①] 但没有惠赐答案即统一原理。显然，这也有赖先验统觉。

先验统觉在康德那里是一个机能概念，在认识活动中发挥最高的意识统一本源作用，推动各种意识内容的综合。这个先验统觉被定性为纯粹的逻辑机能，但是其确认却始自具有浓厚心理学色彩的自我意识心理经验。它诞生于如下的三段论推理：一切意识都是我的意识；我必须始终具有同一性（意识），否则就不能有自我意识；所以必然存在超越杂多经验意识而自发进行意识统一活动的纯粹自我即先验自我，其功能即为先验统觉，以便使杂多经验意识变成我的意识成为可能。其中的要害在于自我意识的同一性向统一意识内容的先验统觉的过渡。自我意识是一种经验意识，是意识存在的见证形式，伴随每一意识存在，以特殊意识内容见证自身。连康德本人也承认"我思""乃一经验命题，其自身

---

① ［德］康德：《纯粹理性批判》，蓝公武译，商务印书馆1993年版，第266页。

包有我在之命题"①。而自我同一意识是一种反思观念，同一不变之自我存在首先是一个意识，其实在主体性是一种观念的对象化设定，包含误谬可能性。因此对所谓意识的向我归属性也仅能作一种观念关系确认，而不能被可靠地把握为实体之附属现象。所以，意识必须是"我"的意识，除此不能有所谓意识之存在，这种说法并不符合实际。自我同一意识是诸多意识存在之存在关联或某种存在连续性的表征，是向思维提供可能对象区域的方式，但不能翻转论断说它是实体化的思维主体或思维者，这显然是冒险的。说凡是进入意识领域的内容亦即被归属于自我的意识内容之间都已经达到了综合统一，显然已经废止了思维的存在权利，因而与思维的我思立场相矛盾。

即使接受"自我"的存在实然性（独立存在性），那么一个实在之"我"也不能被向之归属的异质性的意识撕裂。只有设定"我"是通过意识构成的，意识的分裂才能毁灭"我"的存在。换言之，"我"能必然地要求向其归属的杂多意识的统一吗？或者直截了当地说，它必然要充当意识内容统一的主动实施者吗？显然，在"我"的同一性与意识的本源的综合统一之间相隔一段令人迷幻的距离。在康德看来，自我的同一性与意识的综合统一直接同一，二者互为条件，二而为一，只是有主动被动之别，在分析中，"自我"极具有动力属性，表现为先验统觉，而"意识"极接受先验自我的作用来成就自我的现实显现。于是，自我成为意识之综合统一的充分必要条件。但审慎辨析，在自我的"同一"与意识的综合统一之间这种关系设置并不是逻辑必然的，而仅仅是合理的想象。其实，"自我"侧的同一不能逻辑地衍生中介性地关联"自我"和"意识"的"先验统觉"能力。在康德的陈述中，可以找到两种身份的"自我"，即实在的自我（自我是意识统一的根据和所有者）和被意识实时构建的自我（意识的统一是自我存在的条件）。"自我"意义的这

---

① ［德］康德：《纯粹理性批判》，蓝公武译，商务印书馆1993年版，第281页。

种游荡给分析"自我"的同一与意识的综合统一之间关系带来障碍。其实,康德也正是借用这种游荡而得以敷衍地形成先验统觉概念,即正是在交替使用"自我"的这两种意义中而设立起"先验统觉"。如果仅仅是前者,自我的同一就不需要意识的统一来保全;而如果是后者,自我的同一是意识综合的自然产物而不可能是本源原因,两者都不必然要求设立一个"先验统觉"。然而这两种自我在存在论上是矛盾的,当然也就不能共处于关于同一个论题的论证中。现在,即使保持对康德的敬畏而不怀疑和触动他的这些命题,也难以在意识综合要求的诱导下把"自我"的同一必然地转换为一个功能性的实行意识综合统一行动的"先验统觉"。因为,固然作为纯粹自我的先验统觉可以充分地实现与意识关联着的"自我"的同一,从而由意识的杂乱和自我同一要求来为"自我"想象地添加一个"先验统觉"是有效的解释方法,但这只能算是对意识统一的一种充分条件设立,而不能说明它同时也是必要条件。因为"自我"的同一不一定非得通过意识的综合统一来实现,反过来,意识的综合统一也不一定非得借助先验统觉来完成,至少可以想象地假设其他的原因和方式,即使想象力有所不逮也不能在逻辑上堵塞其他解释方式的可能性,比如上帝的作用、自然的安排等。总之,"先验统觉"或"先验自我"不是从经验自我意识分析之所得,而是对"自我"同一的一种解释性假设,其间没有充分而必然的联系证据,仅仅为满足"自我"同一性所设想的一个充分条件。在逻辑上,充分条件可以在"多因一果"中出现而具有现实因果关系的偶然性。也就是说,严格地说来,由"自我"的同一到"先验统觉"或"先验自我"是康德的一个独断。

"先验统觉"独断起源于对自我同一性的条件设定,其作用对象为杂多意识内容,采用的是分析方法,从自我同一和意识综合统一的共同要求出发,直接从中析取"统一"这一结果要素而转换身份为先验自我的认识机能。这是简单地把结果同一地设置为原因,并非对"自我"进行内在分析之所得。康德没有辨析其作为条件的逻辑性质,产生了必然推理幻象，故为客观独断中的误谬独断。

　　康德的这个误谬独断简单、苍白，"先验统觉"根本没有在自我经验之外增益任何知识，没有触及意识统一的内在机制和原理，仍然使先验自我与逻辑形式之间的关系缺乏规定，从而付出了范畴先验演绎困顿、直观形式先验阐明向外求诸知识综合、理念先验演绎"格率"[①]（主观准则）化（后二者均因不能正视从而回避了本该追问的作用机制问题）、三大理念统一关系设问却无答[②]的代价，因为先验直观形式（感性知觉亦为综合）、范畴和理念均应在先验统觉中找到根据。对理念的根据以及作用必然性的无知，必然导致理念间统一关系的无法确定。

三　肃清康德独断的哲学革命支点：意识存在分析

　　容留独断就是吞服认识鸦片，危害有三：滋生虚假问题、阻碍正当提问、遮蔽知识空间。就康德的独断而言，滋生的虚假问题是范畴及理念的先验演绎，因为本来范畴和理念是统觉的一种活动形式，假如不是独断的影响而从根本上揭示统觉的存在本质，那么就会从中显示出范畴和理念的作用机制，而无须另外附赘一个先验演绎问题。康德的独断使他自己放弃了认识论中的重要问题，即认识阶段的系统划分和知识形成的主观活动机制（其实后者蕴含前者），而仅仅抽象和笼统地把外在认识结果的表现形式简单地投射为某种主观功能，并未深究这种功能的实现载体的存在结构。在丧失正当提问的条件下，康德自然不可能想象到在追问被他所独断的事物命题的过程中可能展现出的更精致博大的知识空间。须知，即使最终并不改变一个独断命题，在给一个独断命题补足论证形式的过程中，也会有更加精彩和伟大的

---

　　① ［德］康德:《纯粹理性批判》，蓝公武译，商务印书馆1993年版，第470、473、479、554页。邓晓芒译为"准则"，参见［德］康德《纯粹理性批判》，人民出版社2004年版，第521、525、531、616页。

　　② ［德］康德:《纯粹理性批判》，蓝公武译，商务印书馆1993年版，第266、476—477页。

知识涌现，甚至可以说，没有后者就不可能为一个独断命题成功构造赋予它理性权利的论证。论证这一理性认识形式绝不是可以随意选择或放弃的认识的偶然审美趣味，而是攸关认识前途和知识图景的崇高认识动力。

容忍独断就是理性剧场中观众的智慧腐败。但是，批判和消解独断前提，却需要认识历史的发酵，在时钟的无聊循环中积累批判的条件和力量。它既需要独断理论体系内在矛盾或疑难的充分暴露，也需要独断理论体系解释力的衰退，更需要一种可行的替代性理论创造灵感和智慧的爆发。克制批判的激情而回归平和的理性立场，就必须承认，任何一种独断都是当时社会认识水平的结果，与其拒绝一切独断（姑且不论这种独断是否被当时敏锐地发现其独断身份）而放弃可能的有限认识进步，莫如暂且权宜地接受独断而等待新知大门的敞开。这就是说，前提批判降临的时机莫测而宝贵。同时，正因为独断是一种社会现象，所以批判的真正实现就必须经历从个人智慧到社会知识的过渡。

认识阶段或形态的划分连同其相应的特定逻辑形式的划分，在康德那里是以知识主体的认识机能或功能范畴表现出来的，他的博弈性独断掩盖了考察这些认识功能的存在基础即实现机制问题，而恰恰在对这一问题的回答中才能超越对这些功能的经验归纳水平，确实和完备地发现一切可能的认识活动形式和成果类型。在此，一种追溯至关重要，即无论是不同认识阶段还是不同认识形式，它们都表现为意识存在，必须通过意识形式成就自身。因此，它们的存在可能性以及特定样式蕴含在意识存在的可能形式中，意识不可能在自身存在的可能空间之外提供认识的构造方法。思的形式和规律只能是意识存在的形式和活动规律，而不可能是外在于意识存在的作为认识对象的存在形式和规律，因为这是不可设想的：一种有待认识的存在对象所内在的存在形式和规律先于认识而贯注给认识者。所以，关于意识存在及其活动形式的分析是论证认识阶段和相应逻辑形式的唯一路径。

为说明先验认识形式的能动作用，康德需要设立先验统觉机能，并且也同时为它提供了论证。但正如前面所分析，其根据是不充分的，或者干脆就是不成立的。问题在于先验统觉概念与"自我"概念相联系，混杂着心理学和逻辑学成分，既是一种实在的心理机能，又同时执行逻辑活动。因而先验统觉也就成了"先验自我"。康德从"自我"的"同一"意识向"统觉"的过渡非常抽象，仅仅限于功能层面，无法赋予统觉以具体的形式和机制，自然也就不能展现统觉与诸逻辑范畴的存在构成的一体关联。最为致命的是，康德与人们一样陷入了关于"自我意识"的经验幻境，沿用了对"自我意识"的误谬解释。他被"我的意识"这一日常经验和习惯语言所误导，分离了"意识"和"自我"，在其中设立起的"主体"和"对象"关系，使"意识"成为"我"的捕获对象，条件就是为意识注入综合统一形式，从而让杂多意识内容归顺和充实自己，显现为实在的经验自我，这个先验的综合统一形式因而也就成了一个实在的自我极即先验自我。这种自我意识概念其实是对笛卡尔"我思"领会水平的倒退。在笛卡尔确立"我在"时，"思""我"是直接同一的，"我"没有在"思"之外的任何内容，也就是没有为意识的存在寻找任何实体性载体。在流俗"我思"观念中，"我"已经是一个超越意识的直接现实存在的经验反思概念，是事后加于意识存在的"主体"。其实，在"思"之当下没有那个经验"自我"意识。"自我"观念是对诸多意识内容和意识历史进行反思的产物，并被赋予与意识对立的实在对象性。因此，"自我"首先是一个意识即自我意识，作为意识界中的特殊构造物和成员，它无力承载其他所有意识内容。相反，在追求解释的彻底性和可靠性的哲学认识中，必须把不断纠缠人们的经验自我打回原形，强迫她消解和沉没于纯粹意识存在之中，而不是给予她"主体"这一特权地位。否则，就是在触犯一种范畴混淆禁忌，即难以设想地用一种事物作用于另一种完全异质的事物，在此即为用"自我"这一实体的"机能"作用于纯粹主观性的意识。在把"我的意识"翻转为"意识的我"之后,康德借助自我意识的同一性要求加以说明的意识的综合统一问题,就必须转而向意识存在本身逼问。换言之,经过考证,认识论的正确思考定向为,意识存在自身包含意识统一的根据,意识内容的综合统一形式和规律,包括自我同一意识这一特殊的意识统一成果,必须在对意识存在的直接分析中加以揭示。意识可以进行自解释,无须也不能借用意识外的存在物来说明。

综上所述,对康德的两个独断进行批判,都要求回溯到意识存在本身,只有纯粹的意识存在分析才能把康德的两个独断置于被论证地位。

四 通向合格理性批判的哲学建构逻辑

意识存在分析课题的可能理论收获占据对康德前提独断的批判地位,可以确认、修正、否定他的独断命题,并打开完备揭示认识机制和原理的大门。但是,从严格的理性要求出发,同时也为避免陷入吊诡而满足完全凯旋的光荣情调,这一课题的展开不能厚颜而重操苟且,或以独断发端,或以独断补残。相反,必须坚持关于意识存在的每一断言都经过论证熔炉。因此,彻底前提批判和系统论证是作为康德独断造反者所必须承受的沉重理论压力和严厉思维纪律。

彻底前提批判是理性知识的最高理想,但不用说那些俗世常人,就是在一般智者看来,这也是自我矛盾和不切实际的幻想,因为一切思者总要开口说出第一句话,它总不能携带论证形式。更让反对者窃笑的是,哲学史上还未曾有过一个真正具有彻底前提批判品格的理论体系的成功范例。笛卡尔是第一个试验彻底前提批判的智者,他的灵感是方法论的怀疑主义,即通过普遍怀疑冷冻一切可以想象和假设其虚假性的存在,然后捕捉具有怀疑免疫力而仍可在理性视野内保持存在活力的某种存在物。他的事业前途未卜,因为他的计划的成功是一个概率性事件,可能的认识旅途存在让他失望的可能性,即最终找不到那个他梦寐以求的"阿基米德支点"而被迫半途而废。笛卡尔对此有清醒意识,在经历了

康德批判哲学的前提独断及其再批判方法

一番怀疑历程之后,他说:"我还要在这条路上一直走下去,直到我碰到什么可靠的东西,或者,假如我做不到别的,至少直到我确实知道在世界上就没有什么可靠的东西为止。"① 假如后来笛卡尔果真遭遇了这样的厄运,也就不会有他的第一哲学。从本质上说,笛卡尔的忐忑和忧虑是一切有志彻底前提批判的智者所应怀有的心理准备,而笛卡尔所面对的哲学落空风险毫无例外地威胁着试图偷吃彻底前提批判禁果的所有闯路人,即根本没有捕捉到照亮认识大门的萤火而获得步入论题的机会。

为了保障彻底前提批判的成功,必须进行缜密的元哲学谋划。笛卡尔式的彻底前提批判方式并不足取,因为它并不严格,不具有前途的可把握力量。首先,笛卡尔的普遍怀疑方式难以保证他所期望的"普遍无遗"。在实施怀疑中,笛卡尔无法对世界万物逐一清点,而是以认识方式为线索分类进行,但在逻辑上,作为存在类型分类依据的认识方式的划分本身就需要探究,而且始终存在分歧。这一瑕疵导致怀疑的非周延可能性。同时,在怀疑中,笛卡尔采用的是具体例证式,因而在逻辑上留有一个疑点,即在同一类型的存在中,在可怀疑的存在个例之外,还可能存在不可怀疑的特殊存在者。这就腰斩了普遍怀疑的有效性。另一方面,以怀疑为背景并与之相呼应的寻找确定存在的工作更难说扎实稳妥。因为,在没有任何方法指导的条件下,笛卡尔是靠自由观念联想而偶然触碰"我思"的,因而除了幸运之外根本不能保证"我思"的被发现,同时也不能排除尚存其他不可怀疑的事物。而不同的"阿基米德支点"会影响第一哲学的构架。也就是说,笛卡尔既没有实际上根除前提独断,也没有做到方法论怀疑主义认识操作的逻辑上的系统性。就本文的讨论所形成的知识而言,任何一点独断都会有毁灭某些知识显现空间的特定效应。因此,无论是在形式上还是在内容上,笛卡尔的彻底前提批判都不能让具有更高理性力量的智者心满意足。

---

① [法] 笛卡尔:《第一哲学沉思集》,庞景仁译,商务印书馆1986年版,第22页。

方法论的逻辑缺陷还不是笛卡尔彻底前提批判的绝命病灶，根本的缺点是他选择从特殊存在开始寻找最高存在及其原理这一认识论错误。逻辑上，从特殊推不出一般或者说普遍原理。笛卡尔从"我思我在"到"上帝"存在的阶梯，是用凡存在皆有原因、原因的客观实在性大于或等于结果的客观实在性、内容多的观念的客观实在性大于内容少的观念的客观实在性这三个"自明"原理搭造的，由之让"我在"上溯自己的存在根据。姑且不论这三个自明原理是否自明而无须论证，就是在启动"我在"作寻根爬升运动的第一推理环节上，就发生了概念偷换或概念内涵随意扩大的可疑行径。笛卡尔为"我在"寻找更高存在根据的理由是，我在怀疑证明"我"是一个不圆满的存在，因而必然是派生的和有更高存在作为它的根据。在此，他赋予"我在"以超出当时确认"我在"时的纯粹"我思"的内容，给予"我"以独立于当下具体之"思"的一般存在地位，因为纯粹的"思"之存在无所谓完满与否，只有在将诸"思"作综合而另外设立一个主体性存在"我"时，才能由意识之变化推定意识存在不完满。其间存在一段认识距离。这说明，笛卡尔偷懒而模糊了纯粹"我思"与经验自我的界限，没有坚持已获得概念的同一性。而由"我在"这个不圆满的存在的"心"中有一个圆满存在的"上帝"观念，来证明"上帝"存在时，上帝存在作为上帝观念的存在条件这种设置并不具有逻辑必然性，因为可以想象其他原因，比如与"我"的不完满存在性相一致的幻觉或认识错误。笛卡尔的整个由"我在"到"上帝存在"的论证都是由为下位存在设置存在条件这种类型的步骤构成的。然而，由此而得到地占据更高地位的"存在根据"虽然可以解释下位存在，但是都可以在想象上有其他解释方法。也就是说，它们只能具有充分条件属性，而不能奢望真正满足理性可靠性要求的充要条件身份。如果主观地给予这种论证以必然有效性确认，那么本身就构成博弈性独断。遗憾的是，从特殊向普遍的分析方法所能给出的一切推论在逻辑上都不能超出这一认识水平。胡塞尔的现象学方法试图贯彻彻底前提批判原则,却选择"面向实事本身"策略而从个别意识存在开始上溯意识存在的普遍形式,正落入这一认识论魔咒而付出一生做思想挣扎的代价。从特殊的个别存在开始追求普遍原理或更高存在的分析方法,由于处于在先序位的认识内容在逻辑上没有规定后续认识内容的能力,所以必然不能作"有根据地断言"这种严格理性思考。因此,在本质上,这种认识展开方向不能被主张彻底前提批判的认识所采纳。

按照在先认识要为认识的推进提供完备条件这一反独断认识要求,彻底前提批判式思维必须采用综合方法,也就是理论体系的构建必须以与论题相关的最普遍概念和存在原理为起点,整个认识展开呈现演绎逻辑形式。反独断与演绎方法或综合方法相一致。因此,彻底前提批判式理论建构只能使用普遍概念和普遍原理,在不断的规定活动中逼迫具体真理体系的显露。对于意识存在分析来说,就是必须绕开特殊意识区域而直接捕获普遍意识存在,由此开启关于意识存在的反独断分析。

但问题的关键是,如何才能非独断地论断普遍意识存在。因为就论题的语境而言,意识存在本身整个地陷入了问题地位,所以对于普遍意识存在的追问只能采取方法论的无知态度,即在正式严肃的理论叙事中(为其作预备的元哲学筹划自然除外),适应彻底前提批判要求,撇开意识存在经验,不提及更不预设意识的存在,而是在特定的普遍性概念思维道路上与普遍意识存在相遇在普遍思想世界。这一迷幻般的思想事件必须以不包含意识存在语词、不直接或潜在地涉及关于意识存在的实质断言的非断言语句开始。为实现这一语境逻辑,甚至必须顾忌柏拉图的美诺悖论而不能首先提出意识存在问题,因为即使按照对它的破解所赋予的问题概念的意义和问题意识的存在结构,也要涉及对个别意识存在经验的确认[①]。对此,必须有元哲学智慧辅助厘定恰当的话语源流,以消除认识盲目性而确保在综合方法的道路上能够发现本该发现的可能存

---

① 崔平:《原创法度:哲学原创本质、方法和规范的逻辑分析》,《江海学刊》2003 年第 3 期。

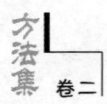

在。这种元哲学的任务就是作为正式哲学叙事展开前的预备性道路勘测，利用已有观念进行针对拟认识对象的上升序列式存在相关点划，扫描和预测可以作为正式认识展开起点的概念或原理。因为处于存在相关关系中的上位概念或原理正是规定下位概念或原理的根据。当然，这种追溯性存在相关分析表现为以假定拟研究对象的存在而开始的假言推理。

在逻辑上，如果有意识存在，那么它必然归属于存在概念，显现为存在概念的外延物。因此，追问存在概念是确认是否有意识存在的可靠途径。而按照反独断要求，不能简单地接受通常的存在概念，也不能任意地设置存在概念，更何况关于存在的形而上学历史混乱不堪，已经说明存在概念问题是一个艰难而一直不得要领的课题。就逻辑关系而言，存在概念是观念界的最高概念，因为一切概念和事物都必须得到它的确认才能获得意义和有资格被思考。因此，对存在概念的追问应该是合适的入手点。当海德格尔以正是"此在"领会着存在为由而把存在概念置于"我"之下，试图在"我"的生存论中显露存在概念时，他已经是被传统的模糊自我观念所诱导，混淆纯粹意识世界和实在对象世界，错以自然因果关系替代逻辑相关关系，从而把存在概念这一只适用逻辑规律的纯粹观念问题变成了一个心理学问题，把对既有存在概念的意义澄清问题变成了存在概念的生成土壤考察问题。这种追问方式必然无果，因为一来自然原因不是结果的本质，二来他从"此在"的特殊生存现象开始的对普遍概念的追溯在逻辑上（从特殊推不出普遍）就不会达到目的。

概念的普遍意义显现或者说贮存于它的使用中。存在概念的意义就在作为纯粹思想活动的存在断言形式"有某物"中。而"有某物"这一思想事件是存在概念的使用形式，本身并不是一个具有断言力量的判断，而仅仅是一个思想事态的抽象形式的描述。因此，从它开始的认识活动符合彻底前提批判要求。可以说，"有某物"这一存在断言形式能够充当彻底前提批判式意识存在分析的起点。

对存在断言形式"有某物"进行内在逻辑构成分析，就可以从中发现存在概念并继续追踪和发现普遍意识存在；之后，以意识存在的普遍属性为根据可以确定意识存在的普遍结构；而在意识存在的普遍结构中应该蕴含意识的存在形相、存在规律；有意识存在普遍结构和存在规律的奠基，思想的形式、问题意识、思的冲动、思的规律、思维方法体系、意识存在评价范畴、意识存在的历史演变根源和机制就都可以演绎确定。

拙著《有限意识批判》（吉林教育出版社 2002 年版；江苏人民出版社《重构人类理性批判文丛》卷一，2015 年）以严格的逻辑分析方式成功实现了上述从"有某物"到意识存在的先验历史命运的演绎，实践了对康德批判哲学独断基础的再批判。在第一部分《意识存在论》中，从"有某物"这一存在断言入手，逻辑地分析其中的"有"即存在概念，运用分析哲学那样的精微分析技术，通过对"有"和"某物"之间的句内逻辑关系分析，确定存在概念，继而在"存在"概念中分析发现作为其外延的"意识"存在。在这样的出场语境中，意识存在以纯粹普遍属性与认识照面，因而直接显现为普遍存在。意识的普遍属性提供了意识存在普遍结构的分析线索。按照意识的普遍存在结构，作为意识存在律的逻辑形式即概念、判断、推理等被分析确定。在第二部分《意识活动论》中，以意识的普遍存在结构为基础，发现存在建构和存在扩展是意识的必然选择，此即思，它被意识存在结构所决定，要遵守三大形式规律。而思之问题类型就蕴含在意识的存在结构之内，被存在建构方向在意识存在结构内的特殊地位所决定，同时其解决方法已经被意识存在结构所规定的可能存在关联形式所决定，亦即思维方法的类型是先验确定的。在第三部分《意识效能论》中，依据思的规律，阐明引导认识活动的各个范畴（真善美等）根源于认识方法所预定的意识内容的地位和发展方向，并且按照发展的基本形态，认识活动区分为科学与哲学。在第四部分《意识历史论》中，以思的先天规律为基础，阐明认识的发展过程是以世界和真理概念为目标的不断重构的历史。在这样描述的意识存在和发展图景中，康德用来作为根据的形式逻辑转换为理论展开过程中的结果，而他万般推崇的知性范畴和理性理念，以及用以说明综合活动根源的先验统觉，都一并降格为特定意识存在结构所派生的某种存在功能。而且，综合方法和演绎方法在方法论上保证这些论断的逻辑有效性，理论上没有给康德留下拒绝这种再批判方案的方便理由。

编后絮语

　　千古文章，能有几篇千古？康德可谓千古，持续的解释和批判为证。
　　批判也是一种追随，是思想世界表达尊重的高级方式。批判兴趣的强烈是学术机体健康的标志。盲目追捧其实是一种学术死亡，也是对作为真诚思想家的实质背叛，因为迎头批判而不是附尾学舌才是那些纯粹思想家的心底渴望。也许个别思想家在社交上喜欢吹捧者，但对真理的忠诚肯定让他内心更尊敬批判者。从这个意义上说，这些论文正在参与造就康德的"千古"，也执行着康德的遗愿。它们都曾发表过，尽管出于不同原因，这里可能在脚注、个别词句甚至标题或段落上有所不同，但都无关文章宏旨，所以从内容上考虑绝无重新出版的必要。然而，也许由于中国学术舞台的文化性陋俗，也许由于思想的零散面世而妨碍了学术群体的记忆和联想，这些文章的内在力量没有得到应有的社会感知。——未敢奢望千古，竟先淹没当世！
　　慨叹间，萌生一种自我拯救的冲动，同时偶然联想到存在的展现形式所蕴含的独特力量。形式能够帮助内容充分显露它们的意义，甚至独立赋予内容以特殊形象，影响内容的触目方式和魅力。于是一种猜想油然而生：让它们以集体亮相的方式与人们照面，可能是触发社会瞩目的一种救济手段。文章的阵列形式不仅以其宏大规模而生成某种震撼气势，而且可以更直观地显现思想的逻辑结构和深度，尽显它的系统性、庄严性和可信性，给批判本身增添与康德大名的对称性，提醒人们应该认真对待而不是继续报以视而不见的冷漠或者"蚍蜉撼树"的讥笑。

也许，有人诟病这些论文的写作表面形式，指责它们没有引用外文原文，甚至依据的译本都过于老旧，以至怀疑作者是否具有资质研究康德，更遑论批判康德！不错，本人不懂德语，英语也不甚了了！面对尖刻的批评，之所以能够持之泰然，甚至自我补刀，彻骨为快，不是麻木或侠义使然，而是因为对学术素养具有自己完全不同于流俗的理解，并确信它更富有治学理性。学术任务不同，要求相应不同的学术研究条件。假如要做纯粹的康德专家，梳理康德哲学到汗毛，那么必须有优异的德语水平；假如要把握康德哲学的主要问题和基本脉络，一般地使用康德哲学，那么只需要具有一般的外语水平；假如准备推翻康德哲学，讨论所及仅仅触碰其最根本的原理和构造方法，那么完全可以不懂外语，中等水平的译文足矣。须知，休谟因果知识观念也是以二手材料形式刺激康德的！中国学术研究中译介和学习任务长期占据主流地位，它对语言工具的依赖所形成的语言修养条件观，正在僭越其合法领域而盲目统治整个学术世界，强化为本非自己必要条件的其他类型学术研究的普适门槛。这在客观上形成对稀有哲学智慧资源的浪费，如果再论及人的精力有限性，那么就是对宝贵哲学创造智慧的摧残。在中国，亟待建立学术任务和学术素养的分化意识，促进学术的良好社会生态的生成。让每一个人合理分配自己的智力使用而全力投入与他的学术目标存在密切关联的努力中去，是学术研究进行有效社会协作的基础，也是学术繁荣的有益社会条件。假如对康德批判哲学的这些批评论文是有效的，那么它们的写作形式本身就在客观上已经构成对中国学术修养语言条件教条的无声但却有力的质疑和批评！